もくじ

本書の特色と使い方

必修用語の確認 397 ·············· 各社発行の『経済活動と法』の教科書を徹底的に分析し,学習の基本となる用語を項目別に選び出し,出題順に配列しました。記述式の問題に答えながら,学習した内容がどれだけ身についているかを確認しましょう。

第 1 回〜第 3 回模擬試験問題 ······ 項目ごとの各論的な問題から,いくつかの項目にまたがった総合的な問題まで,実際の試験を想定して問題をそろえました。

模擬試験問題の内容・構成は,下記の項目別出題基準に従いました。

(1)　経済社会と法	5 問
(2)　権利・義務と財産権	15問
(3)　取引に関する法	25問
※「手形と小切手の利用」と「金融取引」については(4)に含める。	
(4)　会社に関する法	（ 5 問）⎫ 5 問
(5)　企業の責任と法	（ 5 問）⎭
	各 2 点・計50問

※出題形式は本文参照型とする。

※(4),(5)はいずれか 1 項目(5 問)を選択する。

※設問数はいずれも基準であり,年度によって各項目の設問数に若干の異同がある。

第36〜第37回検定試験問題 ········ 実際の検定試験問題を収録しました。最後の仕上げとして活用してください。

Ⅰ　経済社会と法

1	私たちの生活が平穏・円滑に秩序を保って営まれるよう，社会のだれもが守らなければならないルールを何というか。	
2	長い間のならわしや風習のうち，一般的に守るべきものとして認められたものを何というか。	
3	国家権力によって守ることが強制される特殊な社会規範を何というか。	
4	条文の形で書き表された法とその形で書き表されていない法をそれぞれ何というか。	
5	新たに制定された成文法の内容を，官報などを通じて国民に知らせることを何というか。	
6	成文法の効力を現実に生じさせ，これによって社会生活を規律することを何というか。	
7	法は，その施行前に生じた事柄には適用されないという原則を何というか。	
8	国家の最高法規として，国家の基本的な体制について定めた基本法を何というか。	
9	国の唯一の立法機関である国会の議決により成立する法を何というか。	
10	内閣が制定する政令，内閣総理大臣が制定する内閣府令，各省の大臣が制定する省令など，国会以外の一定の国家機関が制定する法を総称して何というか。	
11	各地方公共団体の議会の議決により成立する法で，その区域内の社会関係を規律する法を何というか。	
12	各地方公共団体の長などが制定する法で，その行政事務などの細目を定めたものを何というか。	
13	国家間の文書による協定のことで，内閣が締結し，国会が承認することによって効力が生じ，国際法と国内法の両方の性質をもつものを何というか。	
14	個々の紛争を解決するために裁判所がくだした判決のうち，先例となるものを何というか。	
15	ある事柄について，広く一般的に規定した法と特定の人や地域，特定の事柄に限って規定した法をそれぞれ何というか。	
16	同じ事柄について，一般法と特別法の両方に規定がある場合に，特別法が一般法に優先して適用されるという原則を何というか。	
17	当事者の意思にかかわらず適用が強制される法規と当事者間で異なる内容を定めたときは，その意思が尊重され，適用されなくなる法規をそれぞれ何というか。	

答

Ⅰ　経済社会と法

1　変化発展する経済社会と法

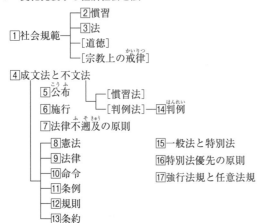

1 社会規範
- 2 慣習
- 3 法
- ［道徳］
- ［宗教上の戒律］

4 成文法と不文法
- 5 公布 ── ［慣習法］
- 6 施行 ── ［判例法］── 14 判例
- 7 法律不遡及の原則
- 8 憲法
- 9 法律
- 10 命令
- 11 条例
- 12 規則
- 13 条約

15 一般法と特別法
16 特別法優先の原則
17 強行法規と任意法規

18	憲法・民法・刑法など，権利・義務の実体について定めた法と，民事訴訟法や刑事訴訟法など，権利・義務を実現する手続きを定めた法をそれぞれ何というか。	
19	国家・地方公共団体と国民の関係などを規律する法と国民同士の経済生活や家族生活を規律する法をそれぞれ何というか。	
20	社会的・経済的な弱者を保護するために，私法の分野に国家が積極的に干渉するための根拠となる法を何というか。	
21	GATT(関税及び貿易に関する一般協定)が発展的に解消してできた，自由貿易の推進などに取り組んでいる国際機関を何というか。	
22	環境の保全について，基本理念を定め，国，地方公共団体，事業者および国民の責務を明らかにするとともに，施策の基本となる事項を定めている法律は何か。	
23	国際統一規格を作る目的で設立された国際的非政府組織を何というか。また，その組織が認証する国際規格で，環境を管理するしくみに対するものを何というか。	
24	インターネットをはじめとするコンピュータネットワークでの通信において，不正なアクセスやそれを助長する行為を規制している法律は何か。	
25	具体的な事例について，法という基準に照らして，裁判所などの公的機関が法律上の判断をくだすことを何というか。	
26	上記の25にあたって，一般的・抽象的に定められている法文の意味を具体的に明らかにすることを何というか。	
27	法文の字句・文章の意味を明らかにすることにより，文言どおりに法を解釈する方法を何というか。	
28	法全体との関連を考え，論理に従って法を解釈する方法を何というか。	
29	上記の28のうち，法文の意味を広げて解釈する方法と逆に狭めて解釈する方法をそれぞれ何というか。	
30	上記の28のうち，法文からもれた事項について，法文の表現とは逆の方向で考える方法と類似する他の事項の法文から推しはかる方法をそれぞれ何というか。	

Ⅱ　権利・義務と財産権

1	他人にある行為を求めることや自分がある行為をすることが法律上できるとされる資格を何というか。	
2	他人に対してある行為をしなければならない，あるいはしてはならないという法律上の拘束を何というか。	
3	社会生活を成り立たせている権利と義務の関係を何というか。	

答　
18実体法と手続法　　19公法と私法
20公私混合法(公私総合法)
21WTO(世界貿易機関)
22環境基本法
23ISO(国際標準化機構)とISO14001
24不正アクセス行為禁止法(不正アクセス行為の禁止等に関する法律)
25法の適用

26法の解釈┬27文理解釈
　　　　　└28論理解釈┬29拡張解釈と縮小解釈
　　　　　　　　　　　└30反対解釈と類推解釈

Ⅱ　権利・義務と財産権

1　権利・義務とその主体
　1権利　　2義務
　3法律関係

4	社会生活を営むうえで，権利をもったり，義務を負ったりする者を何というか。	
5	権利・義務の主体となることのできる資格を何というか。	
6	平等に権利能力をもっている生身の人間と法律によって権利能力が認められている団体をそれぞれ何というか。	
7	一定期間，生死不明の状態が続いた人について，利害関係人の請求により家庭裁判所が判断し，その人を死亡したものとみなす制度を何というか。	
8	失踪期間7年で宣告が受けられるようになり，それを受けると期間満了の日に死亡したものとみなされる制度を特に何というか。	
9	特別な危難にあって生死不明となった場合に，失踪期間1年で宣告が受けられ，その危難が去ったときに死亡したものとみなされる制度を特に何というか。	
10	権利を得たり，義務を負ったりするなどの法律上の効果を発生させる行為を何というか。また，その行為が1人でできる資格を何というか。	
11	自分のしようとする行為の意味や性質について，正常に判断できる能力を何というか。	
12	一定の人々について，意思能力の有無にかかわらず，画一的に行為能力がないものとして保護する制度を何というか。	
13	18歳未満の者とその保護者をそれぞれ何というか。	
14	精神上の障害により判断能力を欠く常況にある者に対して，家庭裁判所の審判によって保護者がつけられた場合，本人とその保護者をそれぞれ何というか。	
15	精神上の障害により判断能力が著しく不十分な者に対して，家庭裁判所の審判によって保護者がつけられた場合，本人とその保護者をそれぞれ何というか。	
16	精神上の障害により判断能力が不十分な者に対して，家裁の審判と本人の申し立てなどによって保護者がつけられた場合，本人とその保護者を何というか。	
17	現に判断能力の不十分な人に対して，本人や家族などの申し立てにより，家庭裁判所が保護者を選任する制度を何というか。	
18	将来，判断能力が不十分になった場合に備えて，本人が契約により保護者を決めておく制度を何というか。	
19	相手方に対して催促することを何というか。	
20	相手方をだます手段のことを何というか。	
21	法人の目的や組織といった根本規則を定めた書面を一般に何というか。	

答

4 権利・義務の主体
5 権利能力（人格）
6 自然人と法人

7 失踪宣告 ── 8 普通失踪
　　　　　　 └─ 9 特別失踪

10 法律行為と行為能力
11 意思能力

　　　　　　　　　　　　　┌─ 13 未成年者と親権者（未成年後見人）
12 制限行為能力者制度 ─┤ 14 成年被後見人と成年後見人
　　　　　　　　　　　　　├─ 15 被保佐人と保佐人
　　　　　　　　　　　　　└─ 16 被補助人と補助人

17 法定後見制度
18 任意後見制度
19 催告
20 詐術
21 定款

22	一定の目的のために人々が集まって作った法人と，一定の目的のために運用される財産を基礎として作った法人をそれぞれ何というか。	
23	例えば同窓会やPTAなど，実際には法人と同様な組織をもち，活動をしていながら，法人ではない団体を何というか。	
24	社員への利益（剰余金）の分配を目的としない団体が，登記をすることによって法人格を取得したものを何というか。また，それにはどのような種類があるか。	
25	上記の24のうち，社会全体の利益の向上を目的とする法人として，行政庁から認定を受けたものを特に何というか。また，それにはどのような種類があるか。	
26	事業を営んで，その利益（剰余金）を社員に分配することを目的とする法人を何というか。	
27	法人を分類する場合，国家や地方公共団体などとそれ以外のものをそれぞれ何というか。	
28	法人の機関のうち，活動の基本方針を決める機関，業務を行う機関，外部に対して法人を代表する機関，業務執行や会計を監査する機関をそれぞれ何というか。	
29	権利の対象物として自然人や法人に支配されている財産のことを何というか。	
30	人間が支配・管理して，自由に使用したり，取引したりすることのできるものを何というか。	
31	土地・建物・本・机・洋服のような固体，水・石油のような液体，家庭用ガスのような気体などを総称して何というか。	
32	土地および土地に固定して付着している物とそれ以外の物をそれぞれ何というか。	
33	実際の取引において，当事者が対象となる物を具体的に指定したものと，単に種類や数量を指定したにすぎないものをそれぞれ何というか。	
34	物と物との間で，一方が他方の使いみちを常に助けるように付属している場合に，その付属させている物と付属させられている物をそれぞれ何というか。	
35	ある物が他の物を生み出す場合に，生み出す側の物と生み出された側の物をそれぞれ何というか。	
36	自然の摂理によって元物から生み出される果実と，法律に基づく契約によって元物から生じる果実をそれぞれ何というか。	
37	経済的な利益を内容とする権利を何というか。	
38	ある一定の物を他人からの影響や干渉を排除して直接に支配し，利用することを内容とする権利を何というか。	
39	物権は他人を排除する強い権利なので，その種類や内容は法律が定め，それと違うものを個人が勝手に作ることはできない，とされていることを何というか。	

答

22 社団法人と財団法人

23 権利能力のない社団（人格のない社団）

24 一般法人 ──┬─ 24 一般社団法人
　　　　　　　└─ 24 一般財団法人

25 公益法人 ──┬─ 25 公益社団法人
　　　　　　　└─ 25 公益財団法人

26 営利法人　　　27 公法人と私法人

［法人の機関］──┬─ 28 意思決定機関
　　　　　　　　├─ 28 業務執行機関
　　　　　　　　├─ 28 代表機関
　　　　　　　　└─ 28 監査機関

2　物と財産権

29 権利の客体　　　30 物　　　31 有体物

32 不動産と動産　　33 特定物と不特定物　　34 主物と従物

35 元物と果実　　　36 天然果実と法定果実

37 財産権　　　38 物権　　　39 物権法定主義

40	法令の制限内で物を自由に使用し，収益し，処分するというように，全面的に物を支配することのできる権利を何というか。	
41	民法は，土地利用の調整を図るために，隣接する土地の所有者に対して相互の権利をある程度制限し，協力し合う義務を負わせているが，これを何というか。	
42	マンションの一室のように，一棟の建物の一部(区分建物)を独立した所有権の対象とすることができるようにし，その権利関係について定めた法律は何か。	
43	他人の所有する土地を一定の制限内で使用・収益することを内容とする4種類の物権を，総称して何というか。	
44	上記の43のうち，建物や橋など工作物の築造，有益な樹木の植林といったことのために他人の土地を使用できる権利を何というか。	
45	上記の43のうち，小作料を支払って耕作や牧畜のために他人の土地を使用できる権利を何というか。	
46	上記の43のうち，通行・引水など，自己の土地の便益のために他人の土地を利用することのできる権利を何というか。	
47	古来の慣習に基づき，農村の人々が他人の土地に入り，たき木や草などを取ることのできる権利を何というか。	
48	社会の秩序を維持するために，民法では，物を事実上自分の支配下においている状態をとりあえず一つの権利として保護しているが，この権利を何というか。	
49	例えば，商品を引き渡すというように，一定の行為をすることと，高い建物を建てないというように，一定の行為をしないことを，それぞれ何というか。	
50	特定の人に対して一定の行為を求める権利と，それに対応する義務をそれぞれ何というか。	
51	債権の内容である作為と不作為を何というか。	
52	債務者が正当な給付をして債権を消滅させることを何というか。	
53	手形や小切手など，財産権を表した証券で，その権利の行使や移転に証券の所持や交付が必要なものを総称して何というか。	
54	郵便切手や紙幣など，財産権を表したものではあるが，証券というよりはそれ自体に価値が認められるものを総称して何というか。	
55	発明，創作，思想の表現，または顧客吸引力など，人間の知的活動の成果が生み出す経済的な利益に対する支配権を総称して何というか。	
56	自分が創作した知的財産を，自らの判断と意思で他人に利用させたり，譲渡したりすることのできる権利を何というか。	
57	特許権・実用新案権・意匠権・商標権など，産業上の無形の利益を対象とする権利を総称して何というか。	

答

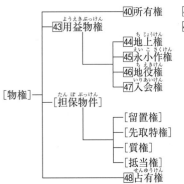

41 相隣関係
42 建物の区分所有等に関する法律(マンション法)

43 用益物権
44 地上権
45 永小作権
46 地役権
47 入会権

[物権]—[担保物件]
[留置権]
[先取特権]
[質権]
[抵当権]
48 占有権

40 所有権

49 作為と不作為　　50 債権と債務　　51 給付
52 履行　　　　　　53 有価証券　　　54 金券

3　知的財産権
55 知的財産権(無体財産権)　　56 利用許諾権　　57 工業所有権(産業財産権)

第1回　模擬試験問題解答　（各2点）

1	問1	問2	問3	問4
	ウ	ア	ア	イ

2	問				
	特	別	法	優	先	主義

3	問1	問2
	イ	ウ

4	問1	問2	問3
	ウ	ウ	ア

5	問1	問2	問3
	イ	イ	著作権

6	問1	問2
	ア	ウ

7	問1	問2	問3	問4	問5
	イ	ア	エ	ア	ウ

8	問1	問2	問3
	ア	ウ	ウ

9	問1	問2	問3
	ア	ウ	ア

10	問1	問2		問3
	ウ	動産の 即時取得（善意取得） の制度		ア

11	問1	問2	問3
	ウ	イ	同時履行 の抗弁権

12	問1	問2	問3	問4	問5
	ウ	イ	イ	ア	ア

13	問1	問2	問3
	ウ	不完全履行	イ

14	問1	問2
	ア	ウ

15	問1	問2
	ウ	イ

16	問
	エ

選択問題Ⅰ〔会社に関する法〕

1	問1	問2
	イ	エ

2	問1	問2	問3
	イ	ウ	イ

選択問題Ⅱ〔企業の責任と法〕

1	問1	問2
	イ	イ

2	問1	問2	問3
	ア	ウ	就業 規則

（　　）内は別解。

第1回　模擬試験問題の解説

1

解　説　問1．条文の形に書き表されていない法を「不文法」(選択肢のウ)といい，そのなかには判例法や慣習法が含まれる。なお，「任意法」(選択肢のイ)とは，法の適用において当事者間の意思が尊重されるものをいう。したがって，正解はウである。

問2．法が改正されたり，新しい法律ができたりすると，「公布」され，その後，一定の期間を経てから「施行」されることが多い。したがって，正解は選択肢のアである。

問3．内閣が制定する法が命令であるが，これは法律に反する内容を定めることはできない。また，「法律」や「命令」の範囲内において各地方公共団体の議会が制定するものが条例(自治法)であり，これを補完するものが「規則」と呼ばれる。なお，条約は，国会の承認(批准)を得ないと国内法として効力を持たない。したがって，正解は選択肢のアである。

問4．法は，慣習や道徳と同じく社会規範であり，実際にそれらを基礎としていることが多い。しかしながら，国家権力によって守ることを強制されるという点では大きな違いがある。なお，国会で制定された法を特に法律と呼んでいる。したがって，正解は選択肢のイである。

2

解　説　問．法には，物事を広く一般的に規定した一般法と，特定の人や事柄に限定して規定した特別法があり，双方が適用できる場合には，特別法が優先的に適用される。この考え方を「**特別法優先**」主義という。

3

解　説　問1．胎児は，相続・遺贈や損害賠償請求の場合に限り，すでに生まれたものとみなされ，権利能力を認められる。これは，出生と同時に権利能力を認めるという原則の例外であると考えられる。したがって，正解は選択肢のイである。ただし，この例外は，あくまでも胎児が生きて生まれることを条件としている。

問2．法人(私法人)の権利能力や行為能力は，定款などに定められた目的の範囲内で認められるのが原則である。しかし，営利法人などの場合は，事業上必要とされる行為や本来の事業に関連する有益な行為につき，広い解釈がされるようになっている。したがって，正解は選択肢のウである。

4

解　説　問1．後見開始の審判については民法の第7条に，保佐開始の審判については民法の第11条に，そして補助開始の審判については民法の第15条に，いずれも「家庭裁判所」がそれを行う権限を有することが規定されている。したがって，正解は選択肢のウである。

問2．選択肢のウに登場する代理人は，成年後見人または任意後見人であると考えられる。したがって，これが成年後見制度の事例ということになる。なお，アは錯誤による意思表示の，イはクーリング・オフの事例である。

問3．任意後見契約にも，当然，契約自由の原則が適用されるわけで，契約の当事者には，内容決定の自由，締結の自由，相手方選択の自由，形式選択の自由が認められる。したがって，任意後見を希望する者は，自らの「意思で後見事務の内容を決定し，かつ後見人を選定することができる」。したがって，正解は選択肢のアである。

5

解　説　問1．「特約」とは，契約当事者間の特別な合意事項のことである。なお，役務とは，業者が提供するサービスのことをいい，請負とは，一定の仕事を完成させることを約束した者(請負人)とそれに対して報酬を支払うことを約束した者との間の契約をいう。したがって，正解は選択肢のイである。

問2．パソコン本体(ハードウェア)を「主物」とすれば，それを動かすための基本ソフトウェアは「従物」としてとらえることができる。なお，「果実」とは「元物」から生み出された別の物をいう。また，「特定物」とは「その絵画」というように特に指定して取引される物をいい，これに対して，「不特定物」とは「米10キログラム」というように物の種類と数量のみを示して取引される物をいう。したがって，正解は選択肢のイである。

問3．無体財産権は，今日では知的財産権(知的所有権)と呼ばれることが多くなったが，これは従来どおり，工業所有権と著作権に大別される。コンピュータのプログラムを無断で複製できない

のは，その作成者が「著作権」を保持しているからである。

6

解説 　問1．相隣関係の規定は，隣接する土地の相互利用において利益の調整を図るものである。これによると，たとえば，隣人が塀や境界標の設置，竹木の枝の切り取りなどを求めてきた場合には，協力しなければならない。しかし，選択肢のイとウの申し出は，明らかにその範囲を逸脱するものと考えられるので，正解はアである。

　　　　問2．他人の所有する土地を利用できる権利として，用益物権（地上権・永小作権・地役権・入会権）がある。選択肢のアは地上権，イは永小作権の内容なので，正解はウとなる。

7

解説 　問1．意匠法の第2条には「意匠とは，物品の形状，模様若しくは色彩又はこれらの結合であつて，視覚を通じて美感を起こさせるものをいう」と規定されているので，正解は選択肢のイである。

　　　　問2．意匠登録出願は，意匠法の第6条に「意匠登録を受けようとする者は，願書に図面を添付して特許庁長官に提出しなければならない」と規定されており，実用新案登録出願は，実用新案法の第5条に「実用新案登録を受けようとする者は，願書を特許庁長官に提出しなければならない」と規定されている。したがって，正解は選択肢のアである。

　　　　問3．意匠権と実用新案権の登録要件は，それぞれ意匠法と実用新案法の第3条に「工業上利用することができる意匠の創作をした者は，その意匠について意匠登録を受けることができる」「産業上利用することができる考案であつて物品の形状，構造又は組合せに係るものをした者は，その考案について実用新案登録を受けることができる」と規定されている。したがって，正解は選択肢のエである。

　　　　問4．意匠を創作した者は，出願後，特許庁の審査を経て原簿に登録されて，意匠権を取得できる。一方，実用新案を考案した者は，特許庁に出願し，物品の形状，構造，組み合わせの要件を除いて無審査で原簿に登録され，実用新案権を取得できる。つまり，実用新案権については，法による無審査登録主義が採用されており，方式的要件と基礎的要件についてのみ審査を行い，実体的登録要件の審査をすることなく登録を認めるのである。したがって，正解は選択肢のアである。

　　　　問5．意匠権の存続期間は，意匠法の第21条に「出願の日から25年をもつて終了する」と規定されており，実用新案権の存続期間は，実用新案法の第15条に「実用新案登録出願の日から10年をもつて終了する」と規定されている。したがって，正解は選択肢のウである。

8

解説 　問1．内心の意思とその表示内容が一致していないこと，すなわち，意思表示が真意を欠くことを「意思の不存在」という。したがって，正解は選択肢のアである。

　　　　問2．心裡留保については，原則として意思表示は有効である。しかし，相手方が善意・無過失でない場合には，保護する理由がないとみなされるため，無効となる。したがって，正解は選択肢のウである。

　　　　問3．選択肢のアは，虚偽表示に該当する事例であり，イにおいては，表意者の真意と意思表示はくい違っていない。したがって，正解はウとなる。

9

解説 　問1．代理制度のうち，その主要な内容が法律によって定められているものを「法定代理」，当事者間での代理権授与契約によって定められるものを「任意代理」という。さらに，代理権がない者が行った代理行為を「無権代理」というが，そのうち，本人と自称代理人との間に一定の関係があるため（または過去に一定の関係があったため），外観上では自称代理人に代理権があるように見え，正式な代理人と見間違えても仕方ないような場合を「表見代理」と呼ぶ。[事例]において，荒井さんから新聞代金を受け取ったのは高村新聞店の元従業員なので，ここに描かれている行為は民法第112条が規定する「表見代理」に該当する。以上の記述から，正解は選択肢のアであることがわかるだろう。

　　　　問2．代理権授与契約に用いられる一般的な書面は「委任状」であるから，正解は選択肢のウである。なお，公正証書とは，公証人によって作成された文書をいう。

　　　　問3．事例において，自称代理人は，高村新聞店の元従業員であり，荒井さんとは日頃から顔馴染みであった。しかも，荒井さんは，その従業員が解雇された事実を知らされていなかったばかりか，元従業員から，高村新聞店の領収書まで渡されている。つまり，元従業員は正式な代理人としての外観を備えており，この事例は表見代理に当たる。荒井さんには，元従業員を代理人

であると信ずるに足る十分な理由があるため，本人である高村新聞店の店主に責任を負わせ，荒井さんを保護するのが適当とされる。したがって，正解は選択肢のアである。

10

解説　問１・２．民法第192条は，動産の即時取得（善意取得）を規定した条文である。すなわち，この条文により，買い主が動産の占有者を真実の所有者だと信じて買って，その動産の引き渡しを受け，また，そう信じたことについて過失がなかったならば，買い主はその所有権を取得する，とされている。この制度は，登記や占有など，権利がありそうな外形を信じて取引をした者を保護するために，その権利の取得を認める，物権変動における公信の原則に基づくもので，この場合，動産の占有には公信力があるという。以上の記述から，□□□に入る用語は「公信力」なので，問１の正解は選択肢の**ウ**であり，下線部(a)に記されている制度，すなわち問２の正解は，動産の「**即時取得**」の制度，または動産の「**善意取得**」の制度であることがわかるだろう。

　　　問３．動産の即時取得については，民法第193条に，その動産が盗品または遺失物であった場合，被害者または遺失主は，例外として２年間，その物の占有者に対して返還を求めることができる，と規定されている。したがって，正解は選択肢の**ア**である。ただし，続く第194条に，占有者が，競売や公の市場において，またはその物と同種の物を販売する商人から，善意でそれを買い受けていた場合，被害者または遺失主は，占有者が支払った代価を弁償しなければ返してもらえない，と規定されている。しかし，この事例に登場する原田は，第194条が規定する「商人」とは認められないので，法子の心配が的中した場合，上田さんは原田に支払った代価の弁償も受けられない。

11

解説　問１．下線部(a)に「このロゴマークは他社が使用できないように知的財産権として登録されている」とある。よって，このロゴマークは，ヨネソン社製品だと識別するための，「商標」だと判断できる。この商標を特許庁に登録することで，その商標を独占的に使用する権利を商標権というので，正解は**ウ**である。なお，アの「肖像権」は，肖像（容姿やその画像）に帰属される人権のこと，イの「特許権」は，新しい機械など，産業上の発明をしたときに，特許庁に登録すると，発明品の製造・販売，発明した方法を使用することなどを，特許出願から20年間独占できる権利である。

　　　問２．2020年に施行された改正民法第557条第１項により，手付倍返しによる売買契約の解除には，口頭による意思表示では認められず，必ず，<u>現実の提供</u>が必要とされた。よって，正解は**イ**である。

　　　問３．民法第533条によれば，売買のような双務契約で，当事者の一方が債務を履行しないうちは，相手方も債務を履行しなくてよいことになっている。これを「**同時履行**」の抗弁権という。

12

解説　問１．借地借家法第10条には「借地権は，その登記がなくても，土地の上に借地権者が「登記」されている建物を所有するときは，これをもって第三者に対抗することができる」と規定されている。なお，ここでいう第三者には，当然，新地主も含まれる。したがって，正解は選択肢の**ウ**である。

　　　問２．借地借家法は，借地人や借家人の不安定な立場を保護する意味から，さまざまな規定を設けている。そのため，本来は賃貸借契約に基づく債権にすぎない不動産賃借権が，物権である地上権のように法律上強い力を持つようになってきた。このような傾向を，不動産賃借権の物権化というので，正解は選択肢の**イ**である。

　　　問３．借地契約満了時に更新の拒絶がしにくいと，地主は「一旦，他人に土地を貸すと，なかなか返してもらえない」と考える。その結果，借地の供給が少なくなり，とりわけ，大都市の近郊で土地の有効利用が妨げられる現象が見られた。つまり，正解は選択肢の**イ**である。

　　　問４．借地借家法第22条には，「存続期間を50年以上として借地権を設定する場合」においては，契約の更新及び建物の築造による存続期間の延長がない旨を定めることができる，と規定されているので，正解は選択肢の**ア**である。

　　　問５．(d)従来の分譲マンションは，比較的広い土地に大きな建物を建設し，その所有権を区分けして分譲するものであった。したがって，正解は選択肢の**ア**である。

13

解説　問１．この場合，約束していた引き渡しの期日が業者側の責任で延びてしまったのだから，履行遅滞に該当する。履行遅滞は債務不履行の一種であり，それを顧客の進藤さんが問題にしていれば，

— 4 —

当然，N不動産販売(株)に対して遅延賠償を請求できたはずである。したがって，正解は選択肢の**ウ**である。

問2・3．債務不履行には，履行遅滞のほかに履行不能と不完全履行がある。N不動産販売(株)は，建売住宅の引き渡しという債務をとりあえず履行したが，その目的物はいわゆる欠陥住宅であった。したがって，N社による債務の履行は不完全であり，進藤さんはその追完を求めて同社と徹底的に話し合った。しかし，それは不可能であるということで，事態はこじれそうになったが，最終的には代替物件の授受の方向で決着が図られた。これは典型的な不完全履行の事例であり，代替物件は，履行不能ではなく，不完全履行の追完不能に対する「塡補賠償」である。したがって，問2の正解は「**不完全履行**」，問3の正解は選択肢の**イ**である。

14

<u>解説</u> 問1．宝石を担保の目的物として引き渡した友岡夫妻は質権設定者となり，それを占有した菊池社長は質権者となる。なお，選択肢イの「先取特権」とは，債権者が多数いるなかで優先して弁済を受ける権利をいい，公平などの観点から，特定の種類の債権者に与えられている。また，ウの「抵当権」は，原則として不動産にしか設定できない。以上の記述から，正解は**ア**の「質権」であることがわかるだろう。

問2．商法や質屋営業法と異なり，民法上の質権には流質契約が認められていない。したがって，期日までに債務が履行されなかったからといって，担保として占有している物を自分のものにしたり，勝手に処分したりすることはできない。あくまでも法律的な手続きによって競売にかけ，その代金のなかから優先的に弁済を受けることになる。したがって，正解は選択肢の**ウ**である。

15

<u>解説</u> 問1．金銭消費貸借契約は松本拓也と吉川さんの間で取り交わされているが，保証債務契約は「松本拓也と野口課長との間」で取り交わされているので，正解は選択肢の**ウ**である。

問2．保証債務の場合には，連帯保証債務と異なり，保証人に催告の抗弁権と検索の抗弁権が認められている。したがって，返済の請求をいきなり受けた野口課長は，債権者の松本拓也に対して催告の抗弁権を行使し，「まず主たる債務者である吉川さんに請求せよ」と主張することができる。したがって，正解は選択肢の**イ**である。

16

<u>解説</u> 問．本文の事例は，民法第719条に規定されている共同不法行為者の責任に該当する。したがって，ステンドグラスの損害に対する賠償責任は，共同行為者に負わされるが，そのとき草野球に興じていた者は，総じて共同行為者またはその幇助者(共同行為者とみなされる)とされることだろう。したがって，正解は選択肢の**エ**である。

選択問題Ⅰ〔会社に関する法〕

1

<u>解説</u> 問1・2．新聞の記事を題材にした問題である。下線部(b)の手口を「見せ玉」といい，自己が所有する一定数の株式をある価格帯で売り抜けたいとき，目標価格のやや下値に大量の注文を出し，他の投資家がそれより高い価格で買い注文を出すことを誘い，それに売り注文をぶつけて，売り抜けたと同時に大量の買い注文を取り消すものである。したがって，文中にあるように，約定率(＝成約株数÷注文株数)は当然，低いものになる。この手口は，有価証券の売買が頻繁・活発に行われているといった誤解を生じさせる行為であり，相場操縦として，「金融商品取引法」第159条と第197条により，刑事処罰の対象とされている。したがって，問1の正解は選択肢の**イ**，問2は**エ**である。

2

<u>解説</u> 問1．株主の権利には，(a)株主が会社の運営に参加することを内容とする「共益権」と，株主が会社から経済的な利益を受けることを内容とする「自益権」とがある。そして，前者には，「株主総会における議決権」(選択肢アとイの中ほど)や代表訴訟を起こす権利，株主総会の招集を請求する権利，「会計帳簿を閲覧する権利」(選択肢イとウの後半部)などがあり，後者には，利益の配当を請求する権利や残余財産の分配を請求する権利などがある。以上の記述から，正解は選択肢の**イ**であることがわかるだろう。

問2．「取締役・監査役の選任やその報酬額の決定」(選択肢のエ)は，株主総会の普通決議事項であり，取締役・監査役の解任や「営業譲渡」(選択肢アとイの冒頭)は，株主総会の特別決議事項である。一方，「代表取締役の選任や新株・社債の発行」(選択肢のウ)は取締役会の決議事項として法定

されているので，正解は**ウ**である。

問3．株主総会の３種類の決議方法のうち，選択肢アの「普通決議」とイの「特別決議」は，定足数はどちらも総株主の議決権の過半数であるが，可決に必要な得票数は，前者が出席株主の議決権の過半数であるのに対して，後者はその３分の２以上と法定されている。したがって，正解は選択肢の**イ**である。

選択問題Ⅱ〔企業の責任と法〕

①
| 解 説 |

問1．三つの選択肢のうち，アの「キャッチセールス」とは，販売員が路上や街角で通行人に近づき，言葉巧みに行われる販売活動であり，ウの「アポイントメント・セールス」とは，電話などを使ってだれもが喜ぶような口実で人を呼び出し，商品などを購入させようとする販売活動である。そして，**イ**の「ネガティブオプション」とは，本文にも記されているように，注文した覚えのない商品を勝手に送りつけ，相手が断らなければ買ったとみなし，後日代金を請求する販売活動であるから，これが正解である。

問2．特定商取引法第59条によると，売買契約に基づかないで送付された商品には，代金を支払う必要はなく，送りつけられた人は，ただちにその商品を処分することができる，とされている。したがって，正解は選択肢の**イ**である。

②
| 解 説 |

問1．文中の民法第623条から，労働者は労働を提供して報酬を得，使用者は報酬を支払って労働の提供を受ける。そして，その契約は，両者の合意だけで効力を持つものと解釈することができる。したがって，(a)雇用契約は，選択肢**ア**の「有償・双務・諾成契約」に該当する。

問2．労働基準法は，労働者が人間らしい生活を送るための最低の労働条件を定めた法律で，週40時間の法定労働時間や「休日及び年次有給休暇」をはじめ，「男女同一賃金の原則」，「年少者の保護」，「強制労働の禁止」，「災害補償」などを規定している。ちなみに，「労働三権の保障」は憲法第28条に，「不当労働行為の禁止」は労働組合法第７条に，「育児休業の保障」は育児・介護休業法第５条～第10条に規定されている。したがって，正解は選択肢の**ウ**である。

問3．常時10人以上の労働者を使用している事業所では，労働者が就業するうえで守らなければならない規律や労働時間，賃金その他労働条件に関する具体的細目などを定めた規則類がつくられているが，それらの規則類を総称して「**就業**」規則という。なお，これに関しては，労働基準法第89条～第93条と第106条に規定がある。

第2回　模擬試験問題解答　(各2点)

1	問
	イ

2	問1	問2	問3	問4
	ア	イ	ウ	ウ

3	問
	ウ

4	問1	問2
	ア	ウ

5	問1	問2	問3	問4
	ウ	イ	イ	ア

6	問1	問2	問3	問4
	イ	ア	ウ	ア

7	問
	有体物

8	問1	問2
	ウ	ウ

9	問
	イ

10	問1	問2	問3
	ア	ウ	ア

11	問1		問2
	表　見	代理	ア

12	問1	問2	問3
	ウ	ウ	所有権留保

13	問1	問2
	ア	27,000　円

14	問1	問2	問3	問4
	裁判所	ウ	オ	ア

15	問1		問2		問3
	時効の	援　用	消　滅	時効	イ

16	問1		問2
	帰　属		ア

17	問1	問2
	ア	イ

18	問		
	連　帯	債務	

19	問1	問2	問3
	(4)	エ	イ

選択問題Ⅰ〔会社に関する法〕

1	問1		問2	問3
	独　立		ア	ウ

2	問1	問2		
	ウ	株式	交　換	

選択問題Ⅱ〔企業の責任と法〕

1	問
	イ

2	問1	問2			問3	問4
	ウ	口　頭	弁　論		イ	ア

1

| 解　説 | 問．| 三つの選択肢のうち，アの「条約」とは，国家間における合意に基づく取り決めをいい，国際法と国内法との両方の側面を持っている。イの「条例」とは，各地方公共団体の議会で制定され，その区域内の社会関係を規律する自治法のことである。ウの「条理」とは，社会生活における事柄の本質や道理のことであり，裁判において成文法や慣習法の不備を補うことから，一種の法であると考えられる。したがって，正解は選択肢のイである。

2

解　説　問１．長い間，社会規範として人々に支持されてきた慣習や，裁判所が過去に下した判決の積み重ねは，条文の形はとらなくても，法として意識されるようになることがある。こうしたものを不文法といい，特に前者を「慣習法」，後者を「判例法」と呼ぶ。したがって，正解は選択肢のアである。

問２．こうした場合には，「特別法優先主義」（選択肢イの冒頭），すなわち「特別法は一般法に優る」という考え方が採用される。たとえば，借家人と家主の間の借家契約については，一般法としての民法の規定よりも，特別法としての借地借家法の規定のほうが優先して適用される。したがって，正解はイである。

問３．公法には憲法・「刑法」・刑事訴訟法・民事訴訟法などがあり，私法の代表的なものとしては民法と「商法」がある。したがって，正解は選択肢のウである。

問４．教育基本法は，教育に対する国家・地方公共団体・国民のかかわりを規律しており，公法として分類される。ところが，「労働基準法」は，適正な雇用関係を確保するために，雇い主と労働者との間に労働基準監督局(署)が介入する根拠となっており，「独占禁止法」は，公正な取引を確保するために，企業間または企業と消費者との間に公正取引委員会が介入する根拠となっている。つまり，どちらも(d)公私混合法に分類されるので，正解は選択肢のウである。

3

解　説　問．どのような場合に権利の濫用になるのか，という基準を確定することは，非常に難しい。権利の行使によって権利者が得る利益と，それによって相手方や公共に与える損害を客観的に比較して，総合的に判断する必要がある。そして，外観上はその人の権利の行使に見えても，実質的には他人の利益を不当に侵害したり，社会の利益を害したりするような場合には，逆に不法行為として損害賠償を求めることができる。４つの事例のうち，「大量の地下水を汲み上げる」ことは，周辺に地盤沈下を生じさせる恐れがあり，「有害物質の放置」は，周辺住民の身体的脅威となる。このような行為が私有地内で行われた場合には，権利の濫用となる可能性が高いので，正解は(3)と(4)の組み合わせ，すなわち，選択肢のウである。

4

解　説　問１．失踪宣告を受けた人が死亡したものとみなされる時期は，民法第31条に，普通失踪の場合には７年の期間満了の日，特別失踪の場合にはその危難が去ったときと規定されている。今井豊三の場合は特別失踪に当たるので，正解は選択肢のアである。

問２．長谷川武士の場合は普通失踪が検討されるわけであるが，普通失踪の期間的成立要件は，民法第30条に，生死不明の状態が７年間続いたことと規定されているので，彼の妻は失踪宣告の請求はできない。したがって，正解は選択肢のウである。

5

解　説　問１．法律行為を一人でできる資格を行為能力といい，自分がしようとする行為の意味や性質について正常に判断できる能力を意思能力という。そして，意思能力のない人が行った法律行為は無効となる。ところが，制限行為能力者制度では，判断力が不十分で，かつ一定の要件を備えた人については，「意思」能力の有無にかかわらず，「行為」能力を認めていない。また，成年後見制度には，家庭裁判所が後見人などを選任する「法定」後見制度と，本人が事前に契約で後見人を選任する「任意」後見制度とがある。以上の記述から，正解は選択肢のウであることがわかるだろう。

問２．未成年者が法定代理人の同意を得ないで行った法律行為は，原則として未成年者の側から取り消すことができる。ところが，こづかいのように自由な処分が認められている金銭を使うなど，ごく一部の行為については，未成年者でも単独で行えるものとされており，この場合には未成

年者の側から取り消しを主張することはできない。したがって，正解は選択肢のイである。なお，成年被後見人についても，未成年者の場合と同様に，簡単な買い物程度ならば，単独で行うことが認められている。

問3．成年被後見人などの状態的要件には，いずれも「精神上の障害により……」という規定がつけられているが，三つの選択肢に記されている，重い心臓病，重度認知症，著しい浪費癖のなかで，これに該当するのは「重度認知症」だけである。したがって，正解は選択肢のイということになる。

問4．親権者と成年後見人は，未成年者や成年被後見人に対して，同意権や取消権だけでなく，民法に基づく代理権も持っている。ところが，保佐人は，被保佐人に対して同意権と取消権を持っているだけで，代理権は持っていない。さらに補助人となると，被補助人に対して，限られた同意権と取消権を有するだけである。したがって，正解は選択肢のアである。

6

| 解　説 | 問1．「国」，地方公共団体である「都道府県」，特殊法人である「健康保険組合」は，いずれも(a)公法人である。一方，公益社団法人である「日本赤十字社」，営利社団法人である「株式会社」，公益財団法人である「全国商業高等学校協会」は，いずれも(b)私法人である。以上の記述から，正解は選択肢のイであることがわかるだろう。

問2．財団法人は，平成20年11月まで，民法総則の規定に基づいて設立されていた。そして，その時代は，財団法人の根本規則等を「寄付行為」，株式会社に代表される社団法人のそれを「定款」と呼んでいた。しかし，社団法人および財団法人の一般法にあたる一般社団・財団法人法(正式名称は「一般社団法人及び一般財団法人に関する法律」)の施行により，一般社団法人と一般財団法人においては，どちらもそれを「定款」と呼ぶようになった(同法第152条)。したがって，正解は選択肢のアである。ちなみに，現在でも，財団である職業訓練法人，財団である医療法人，学校法人および私立学校法第64条第4項に基づく法人(専修学校又は各種学校の設置のみを目的とする法人)においては，「寄付行為」という名称が用いられている。

問3・4．営利活動は，従来から社団法人には認められているが，財団法人には認められていない。したがって，文中の関係は，次のように整理することができる。

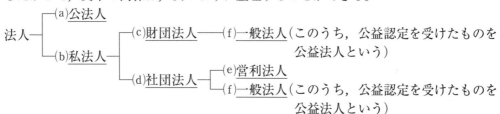

上記の樹状図において，(c)財団法人と(d)社団法人の部分を右に見ていけば，正解は，問3がウ，問4がアであることがわかるだろう。

7

| 解　説 | 問．民法第85条において，「**有体物**」という言葉は，形があって権利の目的となり得るものという意味で使われている。

8

| 解　説 | 問1．「紙幣」と「郵便切手」は金券であり，それ自体に価値が認められたものであって，有価証券とは異なる。また，銀行の「預金証書」も流通が予定される有価証券ではなく，預金者であることの証拠証書であると考えられている。したがって，それらが含まれていない選択肢のウが正解となる。

問2．占有の状態は，その物に対する所有権や用益物権など，正当な権利に基づいている場合とそうでない場合とがあるが，そのいずれの場合も，とりあえず一つの権利として保護される。したがって，正解は選択肢のウである。

9

| 解　説 | 問．特定の人に対して，一定の行為を求める権利を債権という。この一定の行為としては，売買代金の支払い，品物の引き渡し，家賃の支払いなどをすること，すなわち「作為」(選択肢のア)が一般的であるように思われがちであるが，このほか，営業を妨害しないとか，一定以上の騒音を出さないとか，文中にあるような「奇抜な外観や派手な色彩の建物を建てない」といった「不作為」(選択肢のイ)も，これに含まれる。したがって，正解はイである。

10

解　説　問1．三つの選択肢は，いずれも表意者の真意と表示内容が一致していない意思表示のことであるが，アの「心裡留保」の場合には，表意者自身がその不一致に気づいており，ウの「錯誤による意思表示」の場合には気づいていない。また，イの（通謀）「虚偽表示」の場合には，表意者が相手方と相談してその意思表示を行っているところに特徴がある。伊集院さんの意思表示は「心裡留保」に該当するので，正解はアである。

問2．心裡留保の場合には，その表示を信じた善意・無過失の相手方の信頼を保障する立場から，原則として表示どおりの効力が生じる。したがって，伊集院さんは竹内さんとの約束を守らなければならず，正解は選択肢のウということになる。

問3．「煙草を完全にやめたら…」というのは，将来の不確実な事実にかかっているので，期限ではなく条件である。そして，この条件が満たされる（成就される）までは譲渡しないのだから，「停止条件」ということになるので，正解は選択肢のアである。

11

解　説　問1．S農協からすれば，長野茂雄はあくまでも（株）山兼米穀の社員であり，（株）山兼米穀の職務分担など，関知するところではない。さらに，これまでの長野販売部長とS農協との取引関係からすれば，表面上は十分に，長野販売部長に買付権限（代理権）があるように見える。したがって，下線部(a)長野販売部長の行為は，「表見」代理に該当する。

問2．結論としては，長野販売部長の買付行為は越権行為であり，民法第110条（権限外の行為の表見代理等）が適用される。また，新社長による職務分担厳守命令により，これまで黙認されてきた長野販売部長の買付権限（代理権）が消滅したと考えれば，民法第112条（代理権消滅後の表見代理等）の本則が適用されないこともないが，いずれにせよ，新社長の主張は認められず，この契約は有効となる。したがって，正解は選択肢のアである。

12

解　説　問1．下線部(a)の記述からわかるように，民法上，売買は，約束を交わすだけで成立するとされており，物の引き渡しは契約の成立要件となっていない。また，選択肢のアに記されている「付合契約」とは，売り手側が一方的に定めた普通取引約款に基づき締結される契約のことなので，ここでの分類とは関係がない。したがって，正解はウである。

問2．民法の第176条から第178条によると，売買により目的物の所有権が当事者間で移転するのは，動産・不動産を問わず，契約が成立したときであり，目的物の引き渡しや所有権移転の登記は，第三者への対抗要件であるとされている。したがって，正解は選択肢のウである。

問3．割賦販売においては，割賦販売法第7条の規定により，代金債権を担保するために，売買契約の一種でありながら，例外として目的物の所有権は代金の完済まで業者側に留保される。これを「所有権留保」という。

13

解　説　問1．泉津屋の6代目店主は，民法第533条（同時履行の抗弁）「双務契約の当事者の一方は，相手方がその債務の履行（債務の履行に代わる損害賠償の債務の履行を含む。）を提供するまでは，自己の債務の履行を拒むことができる。…」に基づき壺を持ち帰ったので，正解は選択肢のアである。

問2．この場合，利息は法定利率によって計算される。令和2年4月から法定利率は3％になった。したがって，その法定利息は「27,000」円（＝360万円×3％×$\frac{3か月}{12か月}$）と計算される。

14

解　説　問1．借地借家法第19条には「借地権者が賃借権の目的である土地の上の建物を第三者に譲渡しようとする場合において，借地権設定者がその借地権の譲渡又は転貸を承諾しないときは，『裁判所』は，借地権者の申立てにより，借地権設定者の承諾に代わる許可を与えることができる」と規定されている。

問2．契約で定めなかった場合の借地権の存続期間は，借地借家法第3条で「30年」と定められているので，正解は選択肢のウである。

問3．借地借家法第22条（定期借地権）には「存続期間を『50年』以上として借地権を設定する場合においては，契約の更新がなく，買取りの請求をしないこととする旨を定めることができる」と規定されているので，正解は選択肢のオである。

問4．借地借家法第14条（第三者の建物買取請求権）には「第三者が賃借権の目的である土地の上の建物などを取得した場合において，借地権設定者がその賃借権の譲渡又は転貸を承諾しないとき

は，その建物などを時価で買い取るべきことを請求することができる」と規定されているので，正解は選択肢の**ア**である。

15
| 解　説 | 問１．時効によって権利を取得する者，または義務を免れる者が，訴訟でそれを主張することを時効の「**援用**」といい，裁判所は，これによってはじめて時効を取り上げる。
　　　　問２．時効の成立により，高津氏は12年前の借金を返済する義務を免れ，反対に古田氏は貸し金を回収する権利を失う。つまり，二人の間の債権債務の関係が時効の成立によって「**消滅**」する。
　　　　問３．民法第144条は「時効の効力は，その起算日にさかのぼる」として，時効の遡及効を規定している。したがって，消滅時効が成立すれば，古田氏の高津氏に対する債権は起算日にさかのぼって消滅するから，この事例では利息は，まったく発生しなかったことになるので，正解は選択肢の**イ**である。

16
| 解　説 | 問１．民法第239条（無主物の「**帰属**」）第１項には「所有者のない動産は，所有の意思をもって占有することによって，その所有権を取得する」と規定されている。
　　　　問２．辰吉さんが民法第958条の３に規定されている特別縁故者に該当するとは考えられないので，同法第239条第２項「所有者のない不動産は，国庫に帰属する」により，彼の主張は通用しないものと考えられる。したがって，正解は選択肢の**ア**である。

17
| 解　説 | 問１．民法は，その第197条〜第200条で，物権に対するさまざまな侵害について原状回復が可能な場合には，物権的請求権として返還請求権・妨害排除請求権・妨害予防請求権の三つを規定している。宇田さんは，自宅の住居（宅地と建物）に，物権の一種である所有権を有しているので，「妨害予防請求権に基づく申し入れ」をしたことになる。したがって，正解は選択肢の**ア**である。
　　　　問２．強制執行には，選択肢にあげられている３種類の方法があるが，事例のように，「やらせる債務」に対しては，それを債務者に代わって第三者にやらせ，その費用を債務者から強制的に取り上げる。この方法を「代替執行」というので，正解は選択肢の**イ**である。

18
| 解　説 | 問．　このレストランでは，グループ客に対して，債権全体を確保し，かつ会計の手間を省くため，飲食代金の全額をだれか一人に代表して支払ってもらうことにしている。つまり，複数の債務者が，それぞれ債務全体について履行の責任を負わされているわけであり，このような法律関係を「**連帯**」債務という。

19
| 解　説 | 問１．「(1)資産換金処分額50億円」から優先的な弁済を受けられるのは，先取特権が付いている「(4)社員への未払給料の総額30億円」だけである。
　　　　問２．抵当権は，同一の不動産の上に複数設定することができるが，弁済を受ける優先順位は，民法第373条の規定により，登記した順序ということになる。したがって，正解は選択肢の**エ**である。
　　　　問３．Ｃファイナンスに返済される金額は，次の①と②を合計した15億円（＝10億円＋５億円）である。
　　　　　　　①社有地の売却額100億円から，一番抵当の50億円と二番抵当の40億円を差し引いた残りの10億円
　　　　　　　②資産を処分した50億円から，まず，先取特権の付いている未払給料の総額30億円を差し引き，その残額の20億円を資本金（出資金）以外の債権の間で債権者平等の原則により分配した５億円〔＝20億円×20億円÷（40億円＋20億円＋20億円）〕
　　　　　　したがって，正解は選択肢の**イ**ということになる。

選択問題Ⅰ〔会社に関する法〕

1
| 解　説 | 問１．手形や小切手に署名した者は，その前に行われた手形行為・小切手行為が無効であったり，取り消されたりしても，その影響を受けず，「**独立**」して手形・小切手の責任を負う。
　　　　問２．手形法第77条第２項と第10条の規定によると，欠けた事項を補充する権利を与えて振り出された手形を白地手形といい，どのような内容にせよ，正式に補充されれば，そのとおりの効力が生じることになっている。したがって，正解は選択肢の**ア**である。
　　　　問３．手形所持人は，手形の支払いのための呈示をしたにもかかわらず，振出人が支払いを拒絶したときは，裏書人やその保証人に対して担保責任を追及することができる。これを「遡求」とい

うので，正解は選択肢の**ウ**である。

2

| 解　説 | 問1．例えば，A社とB社の間で，A社がB社の発行済株式総数の全部を所有している場合に，A社を完全親会社，B社を完全子会社という。三つの選択肢の各記述において，リオンが所有することになるハイエーの株式は，アでは現状のままの44.15％，イでは50％超（＝44.15％＋5.85％超），そしてウでは100％（＝44.15％＋55.85％）となる。したがって，下線部(a)は，**ウ**によって達成される。なお，この問題は，実際の新聞報道を題材にしたものであり，文中の「リオン」とはスーパー最大手のイオン，「ハイエー」とは，かつてわが国の小売業界でナンバーワンの売上高を記録したダイエーのことである。

問2．下線部(b)には，リオンが，ハイエーの株主との間で，自社の株式とハイエーの株式を「**交換**」することにより，残りのハイエー株をすべて取得することが述べられている。

選択問題Ⅱ〔企業の責任と法〕

1

| 解　説 | 問．三つの選択肢は順に，法令遵守，説明責任，企業統治と邦訳される。一方，文中の下線部は，事件の原因をはじめ，経緯や事実関係などを正しく説明する責任と言い換えることができる。したがって，説明責任と訳される，選択肢**イ**の「アカウンタビリティ」が正解である。

2

| 解　説 | 問1．公正証書は，公務員や公証人，その他公の機関などが作成した証書であり，公文書である。したがって，「公信力」のある書類（その内容を真実とみなしてよい書類）であるといえよう。また，一般的には，私法上の契約が法的に有効に成立したことを公証人が証明し，公文書となったものなので，強い「証明力」を有している。つまり，私法上の契約書は単なる書証（推定力）として裁判で強い証拠になるに過ぎないが，公正証書では，その内容は裁判なくして真実とされるのである。したがって，正解は選択肢の**ウ**である。なお，公正証書が真正に成立した公文書であることは，民事訴訟法第228条第2項に規定されている。ちなみに，公証人とは，社会生活に関して生じるいろいろな事項を公に証明する人で，一定の資格を持った人が法務大臣によって任命される。公正証書の比較的身近な活用例としては，公正証書遺言がある。

問2．本文の最終段落の前半には，民事訴訟の手順が記されているが，狭い意味で訴訟（裁判）といった場合には，「**口頭弁論**」をさす。これは訴訟の手続きで最も重要な段階であり，当事者，またはその代理人である弁護士が，争点や証拠について，自己の主張を裁判官の面前で述べるもので，公開して行われる。

問3．文中の(1)は民法第695・696条や民事訴訟法第267条，民事執行法第22条に規定されている和解の制度で，(2)は民事調停法と民事調停規則に規定されている「調停」の制度である。そして(3)は仲裁法に規定されている「仲裁」の制度なので，正解は選択肢の**イ**である。

問4．民事訴訟法第368条第1項には「簡易裁判所においては，訴訟の目的の価額が60万円以下の金銭の支払の請求を目的とする訴えについて，少額訴訟による審理及び裁判を求めることができる」と規定されているので，正解は選択肢の**ア**である。

第3回　模擬試験問題解答　（各2点）

1	問1	問2	問3
	ア	イ	ウ

2	問1	問2	問3					問4	問5
	ア	イ	公 (公	私 私	混 混	合 総	合) 合) 法	ア	ウ

3	問1	問2
	ア	ア

4	問1	問2	問3	問4	問5
	ウ	ウ	ア	ア	イ

5	問1	問2	問3
	ウ	ア	ウ

6	問1	問2
	ア	イ

7	問1	問2	問3
	契約自由	イ	ウ

8	問1	問2		問3
	ウ	取　得	時効	イ

9	問1	問2		問3					問4	問5	問6
	イ	約　定	利率	利　息　制　限　法					イ	ア	イ

10	問1	問2	問3	問4
	ウ	イ	ウ	ア

11	問		
	債権者 代　位 権		

12	問1	問2	問3	問4	問5
	ウ	ウ	ア	不当利得	ア

13	問1	問2		問3
	ア	工　作　物	責任	エ

選択問題Ⅰ〔会社に関する法〕

1	問1	問2	問3
	イ	ウ	ウ

2	問1	問2
	ア	イ

選択問題Ⅱ〔企業の責任と法〕

1	問1	問2	問3	問4
	イ	ア	ウ	③

2	問
	労働組合

（　）内は別解。

第3回　模擬試験問題の解説

1
| 解　説 | 問1．法律の制定は，まず，各省庁や国会議員が法案を作成するところから始まる。そして，それが国会に提出され，審議される。その結果，衆議院で可決され，さらに原則として参議院でも可決されると，法案は法律として成立する。それにはかなりの時間を要し，緊急の事態に即応することはできない。そこで，そのような場合には，(a)命令，すなわち内閣が制定する政令や内閣総理大臣が制定する総理府令，さらには各省の大臣が制定する省令などが発せられる。したがって，正解は選択肢の**ア**である。

問2．約束に加わること，例えば条約に参加することなどを加盟という。そして，条約の締結に対する当事国の最終的な確認，すなわち同意の手続きを「**批准**」という。したがって，正解は選択肢の**イ**である。なお，採択というのは，議案や意見などを選んで採用することである。

問3．ワシントン条約(正式名称『絶滅のおそれのある野生動植物の種の国際取引に関する条約』)を考えてみれば解答は容易に得られるだろう。わが国もこの条約に加盟しているので，パンダやゴリラ，コアラなどの売買や，野生の蘭やサボテン，シクラメンの海外から国内への持ち込みは禁止されている。つまり，条約は国内法としての効力も有しているのである。したがって，正解は選択肢の**ウ**である。

2
| 解　説 | 問1・2．国家・地方公共団体と国民の関係を規律する法を「公法」といい，国民同士の関係を規律する法を「私法」という。また，当事者の意思とは無関係に適用が強制される法を「強行法」といい，当事者が異なる内容を定めたときには適用されなくなる法を「任意法」という。さらに，権利・義務の実体について定めた法を実体法といい，それに定められた権利・義務を実現する手続きを定めた法を手続法という。なお，問1の選択肢の前後関係はいずれも正しいので，前半の記述だけで判断すると，正解は選択肢の**ア**であることがわかる。問2については，「商法」と「借地借家法」は，条文によって任意法規であったり強行法規であったりするが，いずれも「私法」なので，正解は選択肢の**イ**である。ちなみに，「民事訴訟法」と「民事執行法」は「公法」であり，かつ「強行法」である。

問3・5．本来は私法が規定する領域でありながら，資本主義社会が進展すると，経済的な不平等が生じ，主としてそれを是正する目的で国家や地方公共団体による介入が必要になることがある。それを可能にするために登場したのが公私混合法(公私総合法)である。以上の記述から，問3は「**公私混合**」または「**公私総合**」と補えば正解となり，問5の正解は選択肢の**ウ**であることがわかるだろう。

問4．三つの選択肢のなかから，公的な取締機関が規定されている法律を選べばよい。つまり，それは，経済の番人と称される公正取引委員会が規定されている「独占禁止法」(正式名称は，私的独占の禁止及び公正取引の確保に関する法律)なので，正解は選択肢の**ア**ということになる。

3
| 解　説 | 問1．例えば，日常一般的な売買契約では，売り手には商品を引き渡す義務と代金を受け取る権利があり，買い手には商品を受け取る権利と代金を支払う義務がある。これは民法第555条に規定されており，このような関係を「法律関係」という。したがって，正解は選択肢の**ア**である。

問2．三つの選択肢のうち，法律が介在している関係を選べばよい。すなわち，選択肢の**ア**に登場する「老人」と「運転手」の関係は，互いに道路交通法を遵守するなかで生じたものなので，これが正解である。

4
| 解　説 | 問1．「会社」については，会社法第2条のⅠに「株式会社，合名会社，合資会社又は合同会社をいう」と定義されており，さらに「合名会社，合資会社又は合同会社」については，同法第575条第1項に「以下『持分会社』と総称する」と規定されている。そして，株式会社も持分会社も営利事業を営み，その剰余金を社員に配分することを目的としているので，「営利法人」に分類される。したがって，正解は選択肢の**ウ**である。

問2．公共団体には，都道府県・市町村などの地方公共団体と，水利組合や土地改良区といった公共組合がある。通常，前者については，例えば，東京都とか，大阪市といった固有名称を使い，後者については，「組合」という名称を使うことが多く，どちらも，あまり「団体」とは呼ば

ない。「団体」という名称が一般的なのは，「一般社団法人及び一般財団法人に関する法律」に規定されている「一般法人」である。したがって，正解は選択肢のウである。

問3．「役員」とは，役職者，すなわち，株式会社（営利法人）では，業務の執行に当たる「取締役」や執行役がその典型であるが，一般法人では，それを理事と呼んでいる。したがって，正解は選択肢のアである。なお，イの「幹事」は，事務担当者や世話役一般をさすので，一般法人の役員に該当する監事とは違う。

問4．一定の目的を持って集まった人々を社団というが，それが社団法人として権利能力を有するためには，一定の要件を満たしたうえで設立登記を済ませなければならない。要件が満たせない社団や，満たしているが設立登記を済ませていない社団には，権利能力が認められない。「PTA」「生徒会」「自治会」などは，この「権利能力のない社団」である場合が多く，社団の名義で不動産や金融資産を所有することはできない。そこで，仕方なく，その代表者の名義を使用することになる。正解は，もちろん，選択肢のアであるが，これを，人格のない社団と呼ぶこともある。

問5．三つの選択肢に株式会社を当てはめてみるとよい。株式会社の意思決定機関は株主総会，業務執行機関は取締役（会），代表機関は代表取締役である。単に「役員」といった場合には，代表機関ではなく，「業務執行機関」をさすと考えるべきであろう。したがって，正解は選択肢のイである。

5

解説 問1．労働力は，固体でも液体でも気体でもないので有体物ではない。人間は，権利・義務の主体であって客体ではない。したがって，選択肢に記されている三つのうちで，民法第85条により物とされるのは，土地だけである。したがって，正解は選択肢のウである。

問2．刑法第245条は，有物体ではない電気も財物とみなしている。さらに，一般的な解釈は，有体物であるということにこだわっていない。つまり，どちらも民法第85条の規定を「拡張解釈」しているのである。したがって，正解は選択肢のアである。

問3．「陽射し」も「景色」も有体物ではないが，三つの選択肢では，どちらにも権利が認められている。つまり，陽射しと景色には経済的な価値があり，人間が支配して，取引の対象とすることができるので，物とされているのである。したがって，正解は選択肢のウである。

6

解説 問1・2．運送事業や金融事業などでは，同じ内容の多数の契約を迅速（じんそく）に結ぶ必要がある。そのため，普通取引約款（または単に「約款」）と称される定型的な契約内容をあらかじめ用意しておき，それをすべての取引に画一的に適用している。このようにして締結される契約を「付合契約（ふごう）」（問1選択肢のア）というが，その場合，利用者の契約の自由が一部分制限されるため，その利益が害されないよう，約款の制定や改定には行政官庁の審査や監督がなされている。なお，問1イの「典型契約」とは，民法に規定されている贈与・売買・交換・消費貸借・使用貸借・賃貸借・雇用・請負・委任・寄託・組合・終身定期金・和解という13種類の契約のことであり，問1ウの「諾成（だくせい）契約」とは，当事者の意思表示が合致するだけで成立する契約のことをいう。したがって，問1ではアが，問2ではイが正解である。

7

解説 問1．2020年に施行された改正民法にて，次のように「**契約自由の原則**」の規定が新設された。民法第521条第1項に契約締結の自由，契約相手方選択の自由を定め，第2項として，内容決定の自由を定めている。さらに，民法第522条第2項「契約の成立には，法令に定めがある場合を除き，書面の作成その他の方式を具備することを要しない」として，方式の自由を定めている。

問2．特定物とは，当事者がその物の個性に着目して取引の目的物としたものをいう。つまり，同じ物が一つしかなく，代わりがきかないような物のことである。それに対して，不特定物とはその物の種類に着目して取引の目的物としたものをいう。これには，量産されている電化製品などが該当する。本問においては，下線部(a)にて，「自宅で練習するためのパソコン」とあるが，パソコンという電化製品としての種類にのみ着目している「不特定物」となるため，正解はイである。

問3．民法第549条には「贈与は，当事者の一方がある財産を無償で相手方に与える意思を表示し，相手方が受諾をすることによって，その効力を生ずる」とある。よって，贈与契約は，意思表示のみで成立…諾成契約，一方だけが対価を支払わず利益を得る…無償契約，当事者の一方のみ債務を負う…片務契約，となるため，正解はウである。

8

問1．アの「表題登記」とは，新規に土地や建物の物理的状況を表示するために行う登記のことをいう。また，イの「保存登記」とは，所有者がはじめて行う所有権の登記である。ウの「移転登記」とは，すでに登記してある権利を他人に移転するための登記である。本問は，熊崎から買い手へ権利を移転させる登記であるため，「移転登記」となる。よって，正解は**ウ**である。

問2．民法第162条第1項に「20年間，所有の意思をもって，平穏に，かつ，公然と他人の物を占有した者は，その所有権を取得する。」，第2項に「10年間，所有の意思をもって，平穏に，かつ，公然と他人の物を占有した者は，その占有の開始の時に，善意であり，かつ，過失がなかったときは，その所有権を取得する。」とある。たとえ善意有過失もしくは悪意であったとしても，田村は20年間，平穏かつ公然と食い込んだ土地を占有している。よって，田村が自らの意思で裁判を行えば，時効により，この土地の所有が認められる。これを**「取得」**時効という。

問3．民法第145条では，時効は，当事者が時効を主張した場合に，初めて裁判所がそれを取り上げるとあり，この主張をすることを援用という。よって，正解は**イ**である。なお，アの「適用」とは当てはめて使うこと，ウの「催告」とは催促することである。

9

問1．民法第587条には「消費貸借は，当事者の一方が種類，品質及び数量の同じ物をもって返還をすることを約して相手方から金銭その他の物を受け取ることによって，その効力を生ずる」と規定されている。つまり，消費貸借は，契約の成立に目的物の引き渡しが必要な要物契約なのである。したがって，下線部(a)の契約は，「借り主が貸し主から金銭を受領したとき」に成立するので，正解は選択肢の**イ**である。

問2．金銭の貸借に適用される利率として，民法と商法にそれぞれ定められているものを法定利率といい，これに対して当事者間の契約で定められたものを**「約定」**利率という。

問3．約定利率の上限は，「利息制限法」第1条と「出資取締法」第5条に規定されているが，資料2が出資取締法なので，資料1の ① に入るのは**利息制限法**である。

問4．利息制限法の上限利率は，その第1条第1項に「元本が10万円未満の場合は年2割，10万円以上100万円未満の場合は年1割8分，100万円以上の場合は年1割5分」と規定されている。そこで，この規定に期間1年，元本100万円の貸借を当てはめると，上限金利は15万円（＝100万円×1割5分×1年）と計算される。したがって，正解は選択肢の**イ**である。

問5．出資取締法第5条第2項によると「貸金業者が年20％を超える利息の契約や受領をしたり，その支払を要求したりしたときは，刑事罰を科す」とされており，同法の上限利率は現在，元本の額にかかわらず，一律年20％となっている。したがって，元本が10万円未満の場合の上限利率は，利息制限法，出資取締法ともに「年2割」（＝「年20％」）で，この区分ではグレーゾーン金利は生じない。もちろん，正解は選択肢の**ア**である。

問6．利息制限法，出資取締法，貸金業の規制等に関する法律が，平成18年12月20日に改正・公布された（法律第115号，施行は平成19年12月19日，法令上の完全実施は平成22年6月18日）。そのなかで，利息制限法第1条第2項，すなわち「債務者は，任意に支払った（利息の）超過部分の返還を請求することができない」とする規定は削除され，出資取締法の上限利率は29.2％から20％へと引き下げられた。また，これまで「みなし弁済」としてグレーゾーン金利を認めてきた貸金業法（旧名称は「貸金業の規制等に関する法律」）第43条も廃止された。これにより，グレーゾーン金利は大幅に縮小され，しかも，債務者は業者に過払い金（利息制限法上の超過利息）の返還を求めることができるようになった。さらに，グレーゾーン金利は，これを機会に行政処分の対象とされることになり，従来とはその意味合いが大きく変わった。以上のことから，正解は選択肢の**イ**ということになる。

10

問1．民法第494条には，債権者が弁済の受領を拒んだときや弁済を受領することができないときは，弁済者は目的物を供託してその債務を免れることができると規定されている。なお，「供託」所は，法務局，地方法務局とその支局などにある。もちろん，正解は選択肢の**ウ**である。

問2．三つの選択肢のうち，アの「礼金や敷金」やウの「保証金」は，通常，建物の賃貸借契約が新たに締結される際に授受される。一方，イの「権利金」は，賃貸人が賃借人に賃借権を与えることの対価として支払われることが多いため，賃借権が満期となってそれを更新する際にも請求される。実務では，これを(a)更新料と呼ぶことが多いので，正解は**イ**である。

問3．借地借家法第31条第1項は，建物賃貸借の登記がなくても，借家人が建物の引き渡しを受けて

使っていれば，家主がかわっても新家主との間に賃借権が続くものとしている。つまり，伊藤の家族がこの借家で「商売や生活をしている」という事実が対抗要件となっているので，諸岡不動産はそれ以上，明け渡しの請求をすることができなかった。したがって，正解は選択肢のウである。

問4．賃貸借契約の更新を拒絶し，借家の明け渡しを求めるためには，借地借家法第28条の規定により，正当な事由が必要とされる。諸岡不動産の課長は，大型マンションの建設をその事由にしているが，伊藤の家族による，この借家に対する必要性からすると，おそらくそれは認められず，この契約は終了にならないものと考えられる。したがって，正解は選択肢のアである。

11

解　説　問．　羽田裕太は，細川に対する自分の債権を確保するために，第三者のオザワ通商に対して，細川の権利を代わって行使することができる。これは民法第423条の規定によるもので，債権者「**代位**」権という。

12

解　説　問1．金融会社の融資課長は，担保として，まず，楽団所有の不動産に抵当権を設定することを考えた。そして次に，山崎代表の話を受けて，楽団員の楽器に質権を設定することを考えた。しかし，どちらもうまくいかなかった。つまり，融資課長は「抵当権または質権を設定して融資することを考えていた」ので，正解は選択肢のウである。

問2．債権を担保する目的で，債務者または第三者の財産の所有権を債権者に譲渡することを，総称して「譲渡担保」という。課長の提案はこれに当たり，この制度には，抵当権の設定と同様に担保の目的物の占有を移さず，しかも，質権の設定のように動産にも適用できるという利点がある。もちろん，正解は選択肢のウである。

問3．加賀良介は，自己の所有物である「パゴッツィーニ」を，楽団の債務を担保するために提供することを了承した。このような立場の人を「物上保証人」というので，正解は選択肢のアである。

問4．何ら法律上の原因がなく，他人の損失によって得た利益を「**不当利得**」という。「パゴッツィーニ」の売却代金と楽団の借入金との差額は，これに該当する。なお，民法第704条によると，その利得者が悪意である場合には，受けた利益に利息を付けて返還しなければならないとされている。

問5．法定利率は，令和5年現在年3％である。したがって，正解は選択肢のアである。

13

解　説　問1．アンテナ局は工作物であり，その築造のために他人の土地を使用できる権利は，地上権または土地賃借権である。しかし，設問では物権といっているので，債権である「賃借権」（選択肢のウ）ではなく，アの「地上権」が正解となる。なお，同様に物権である「地役権」（イの）とは，自己の土地の便益のために他人の土地を使用できる権利のことである。

問2．アンテナ局の倒壊によって生じた損害への賠償責任，すなわち「**工作物**」責任は，民法第717条に規定されている。

問3．工作物責任は，まず，その占有者に過失責任が負わされ，占有者に過失がないときは，所有者に無過失責任が負わされる。この事例でアンテナ局の占有者は(株)山科メンテナンス，所有者は日本携帯電話(株)である。そして，アンテナ局の倒壊は未曽有の台風による天災なので，(株)山科メンテナンスに責任はない。また，それを施工した浦島鉄工(株)にも問題はなさそうなので，最終的な責任は日本携帯電話(株)が負うことになる。したがって，正解は選択肢のエである。

選択問題Ⅰ〔会社に関する法〕

1

解　説　問1．会社設立のために事務手続きを進める人を「発起人」というので，正解は選択肢のイである。なお，その数は一人でもよい。

問2．設立登記を行うには，それに先立って創立総会を招集・開催し，そこで取締役と監査役を選任したり，定款の変更の必要性や設立の可否などを検討したりしなければならない。したがって，正解は選択肢のウである。

問3．会社設立の方法には，設立の際に発行する株式の総数を発起人だけで引き受ける「発起設立」（選択肢のイ）と，発起人以外からも株主を募る「募集設立」（ウ）がある。本文の最終段落の記

述から，森島信也が行ったのは後者であることがわかるので，正解は**ウ**である。

2

解 説　問1．約束手形1（表面）には支払期日の記載がない。このような手形は，手形法第76条第2項の規定により，呈示されたときに支払いが行われるべきもの（一覧払い）とみなされる。したがって，正解は選択肢の**ア**である。

　　　　問2．約束手形4（裏面）は，裏書人が1か所記入漏れになっているので，裏書きの連続が認められない。このような手形の所持人は，期日に手形を呈示しても支払いが受けられない恐れがある。約束手形3（裏面）には，被裏書人が1か所記入されていないが，これは意識的なものか，それとも記入漏れなのか判断がつかない。しかし，いずれにせよ，白地式裏書といって，被裏書人をあえて記載しない方式も認められているので，これは問題にならない。そして，約束手形2（裏面）には，記入漏れがなく，何の問題もない。したがって，正解は選択肢の**イ**である。

選択問題Ⅱ〔企業の責任と法〕

1

解 説　問1．割賦販売法第2条第1項には，同法が規制の対象とする割賦販売について，購入者から代金などを2か月以上の期間にわたり，かつ，3回以上に分割して受領することを条件として行う指定商品などの販売などと定義されている。したがって，正解は選択肢の**イ**である。ただし，同法は平成21年6月に改正され，従来の同条第3項の「割賦購入あっせん」が，新たに「包括信用購入あっせん」（第3項）と「個別信用購入あっせん」（第4項）に分けられ，そのなかにそれぞれクレジット規制の内容が盛り込まれた。そのため，現在では，割賦販売に加え，「翌月1回払い」以外のクレジットも，すべて規制の対象となっている。

　　　　問2．クーリング・オフの制度は，割賦販売法第3条の3や特定商取引法第9条・第24条・第40条などに規定されている。それらによると，割賦販売・訪問販売・電話勧誘販売などでは書面による契約締結後8日以内，現物まがい商法や海外先物取引といった利殖関連の複雑な取引では同14日以内，連鎖販売取引に分類されるマルチ商法や業務提供誘引販売取引に分類される内職商法・モニター商法などでは同20日以内とされている。一方，解約通知の方法は，「書面により」と規定されているだけで，特に内容証明郵便や書留郵便などという指定はなされていない。したがって，正解は選択肢の**ア**である。

　　　　問3．三つの選択肢のうち，アは通常の請負契約であり，訪問販売にも電話勧誘販売にも該当しない。また，イでは，「テレビを月賦で購入する契約」（割賦販売契約）が，店舗，すなわち営業所で行われているので，文中の適用条件(1)を満たしていない。これに対して，**ウ**は「営業所等以外の場所で締結された」訪問販売契約として認定することができるので，これにはクーリング・オフが適用される。

　　　　問4．特定商取引法には通信販売に関する規定もあるが，そのなかにクーリング・オフの制度は見当たらない。したがって，正解は下線部(a)の**③**である。

2

解 説　問．　文中に記されている委員長の説明は，「**労働組合**」法第2条の規定に基づくものである。

第36回　検定試験問題解答　（各2点）

	問1	問2	問3
1	イ	公布	ア

	問1	問2
2	文理 解釈	ウ

	問1	問2
3	法人	イ

	問1	問2	問3	問4
4	意思 能力	ウ	ア	ウ

	問1	問2	問3
5	イ	ア	イ

	問1	問2	問3
6	ウ	イ	地上 権

	問1	問2	問3
7	商標 権	ウ	ア

	問1	問2	問3
8	イ	ウ	契約自由 の原則

	問1	問2
9	ウ	イ

	問1	問2
10	ア	イ

	問1	問2	問3	問4
11	ア	ウ	ウ	委任状

	問1	問2	問3	問4
12	ア	利息制限法	イ	ウ

	問1	問2	問3	問4
13	ウ	ア	ウ	イ

	問1	問2	問3
14	ア	ア	イ

	問1	問2	問3
15	ウ	イ	ア

選択問題Ⅰ〔会社に関する法〕

	問1	問2
1	必要的（絶対的）記載事項	ウ

	問1	問2	問3
2	ア	イ	イ

選択問題Ⅱ〔企業の責任と法〕

	問1	問2
1	ア	ウ

	問1	問2	問3
2	公正証書	ア	イ

（　　）内は別解。

第36回　検定試験問題の解説

1

解　説　問1．アの「慣習法」は，社会生活を営むうえで人々に長い間支持されてきた慣習が法として認識された不文法なので不正解である。イの「成文法」は，文章としてはっきりと書きあらわされた法のことである。ウの「不文法」は，明確な文章としてあらわされていない法のことなので不正解である。下線部(a)には成文法の特徴が記述されているので，正解はイである。

問2．成文法は制定された後，その内容を広く国民に知らせる必要があり，これを**「公布」**といい，これが正解である。法律や命令，条約など国が制定する法は内閣府が発行する紙媒体である官報に掲載される。近年では，インターネット上でも官報が閲覧できるようになった。

問3．条例とは，地方自治体が自治権に基づき，それぞれの区域内で抱える問題や課題を解決するために，選挙で選ばれた議員で構成された議会において制定される法のことである。アは「県議会」と条例の制定機関を正しく記述している。イの「県議会の議長」は，議会の秩序を保ち議事の整理や細かな事務手続きを行う役職なので不正解である。ウの「県知事」が制定できるのは規則であるので不正解である。以上のことから，正解は**ア**となる。

2

解　説　問1．法の解釈には，その内容を法文の通りに解釈する文理解釈と，法全体との関連性を考慮し論理に従って解釈する論理解釈に分類される。本問は下線部(a)の「文言通りに解釈」がキーワードであり，そこから文理解釈と判断できるので，正解は**「文理」**の2文字を補えばよい。

問2．「車馬の乗り入れ禁止」をどのように解釈するか，が本問の主旨である。アでは車の定義を狭め，ベビーカーは車ではないと結論づけているので縮小解釈となるため不正解である。イは，馬は禁止であるが牛は問題ないと，反対解釈しているのでこれも不正解となる。ウは，馬の解釈を拡大しロバも馬に含まれると拡張解釈している。よって，正解は**ウ**である。

3

解　説　問1．権利能力を有する人は，私たちのような生物としての人間を指す自然人と，法律によって人格を与えられた法人に分類される。自然人は，生まれながらに権利能力を有するが，法人は法律が定める一定の手続きをへて権利能力を有する。下線部(a)には「法律によって権利・義務の主体として活動を認めている」とあるので，正解は**「法人」**である。

問2．胎児は生きてうまれることを条件に，三つの権利を有する。一つ目が，民法第721条に定められた損害賠償請求権，二つ目が民法第886条の相続，そして民法第965条の遺贈である。以上を理解しておけば正答は得やすい，アとウは「すべての権利能力が認められている」とあるので不正解である。イは胎児の権利を正しく記述しているので，正解は**イ**である。

4

解　説　問1．経済活動における売買や賃貸借などの契約では，常に「権利」と「義務」が発生したり消滅したりしている。その契約が正しく実行されなければ，どちらかが経済的な損害を被ることとなり，重大な責任問題となる。自らが行った法律行為の意味と性質を理解し，その結果を正常に判断できる力のことを意思能力という。正解は，**「意思」**の2文字を補えばよい。

問2．アは「判断能力を欠く常況」とあるが，これは成年被後見人を指しているので不正解である。イは「判断能力が著しく不十分」とあり，被保佐人を指しているので不正解である。ウは「軽度の〜判断能力が不十分」とあり，被補助人を指しているので正解は**ウ**である。

問3．アの「詐術（さじゅつ）」とは，うそをついて人をだますことで，これが正解である。イの「擬制（ぎせい）」とは，本質的には違うものを同じものとみなすことなので不正解である。ウの「催告（さいこく）」とは，相手に対して一定の行為を求めることなので不正解である。

問4．未成年者の法律行為を定めた民法第5条によれば，「未成年者が法律行為をするには，その法定代理人の同意を得なければならない」とある。また，「同意なく行った法律行為は，法定代理人によって取り消すことができる」とも定めている。アとイはともに，「売買契約は取り消すことができない」とあるので不正解である。よって，正解は**ウ**である。

| 解　説 | 問1．アの「権利の濫用（らんよう）」とは，権利者が自らの利益を優先するあまり，社会全体に悪影響を及ぼしてしまう行為なので不正解である。イの「権利の客体」とは，下線部(a)の文章そのものである。ウの「権利の移転」とは，売買や譲渡，相続などの理由によって，権利の主体が別人に移動することなので不正解となる。よって，正解は**イ**である。 |

問2．主物と従物の関係を理解するには，まず，従物を理解することが肝要である。従物とは，主物の用途を助けたり，資産価値を高めたりする物である。本問でいえば，金庫が主物で鍵はその従物となり，金庫と鍵はセットで取引されることが一般的である。さらに，民法第87条第2項では「従物は主物の処分に従う」と定めているので，**ア**が正しい文章だと判断できる。イは主物と従物を切り離して考えているので不正解である。ウでは主物と従物の取引に時差が生じるとあるので，これも不正解である。

問3．天然果実とは，例えば「リンゴの木」から「リンゴ」が収穫できるように，自然から産出される収益物のことである。これに対して法定果実とは，例えば「貸家」から「家賃」が得られるように，物の使用の対価として得られる収益のことである。アとウはともに「元物」と「天然果実」関係なので不正解である。下線部(d)法定果実に注目すれば，正解が**イ**と判断できる。

| 解　説 | 問1．アの「物権の優先的効力」とは，例えば商品売買で二重契約があった場合は，先にその動産を受け取った方を優先するという考え方なので不正解である。イの「一物一権主義」とは，例えば一つの土地には，一つの所有権しか存在しないという考え方なので不正解である。ウの「物権法定主義」とは，法によって物権の種類を限定し，その内容を明らかにすることで，物権の保有者を不測の事態から保護することが狙いであり，民法第175条にそれが明記されている。よって，**ウ**が正解である。 |

問2．アは，集合住宅における共有スペースの取り扱いについて記述している。これは，「建物の区分所有等に関する法律」による定めなので不正解である。イでは，建物を築造する際に，境界線から離すべき距離について記述している。これは，民法第234条第1項に定められた内容と同一である。ウは，重要文化財の取り扱いについて記述しており，これは，「文化財保護法」による定めなので不正解である。よって，正解は**イ**である。

問3．用益物権を整理すると次のようになる。

地上権（ちじょうけん）	民法第265条	建物などの工作物の築造，植林などのために他人の土地を使用できる権利のこと
永小作権（えいこさくけん）	民法第270条	耕作や牧畜のために小作料（土地を借りて耕作・収益を得た人が地主に支払う対価）を支払って，他人の土地を使用できる権利のこと
地役権（ちえきけん）	民法第280条	ある土地の便益（通行や引水など）のために，設定行為に定めた目的に従い，他人の土地を利用できる権利のこと
入会権（いりあいけん）	民法第263・294条	法整備がなされる以前からの慣習にもとづき，主に農村の人たちが山林や里山で，落ち葉・たき木・きのこ・山菜などを採取するため，他人の土地に立ち入ることができる権利のこと

下線部(c)は「築造，植林」がキーワードであり，そこから地上権について記述されていると判断できる。よって，正解は「**地上**」の2文字を補えばよい。

| 解　説 | 問1．知的財産権のうち工業所有権（産業財産権ともいう）について，十分な理解が必要な問題といえる。工業所有権の中核をなす四つの権利の要点をまとめると以下のようになる。 |

　　　　特　許　権→自然法則を利用した<u>高度な技術的創作</u>（発明）に与えられる権利
　　実用新案権→自然法則を利用した<u>技術的創作</u>（考案）に与えられる権利
　　　　意　匠　権→物品の形状，模様，色彩など，主に<u>創作的なデザイン</u>に与えられる権利
　　　　商　標　権→自社と他社を区別するため，商品やサービスに付与される文字・図形・記号・
　　　　　　　　　　立体的形状などで構成された<u>標章</u>（マーク）に与えられる権利

下線部(a)にはキーワードの「標章」と記述されているので，正解は「**商標**」と補えばよい。

問2．工業所有権に関する事務手続きを行いその権利を付与するのは，特許庁の役割である。アの「公正取引委員会」は独占禁止法を運用し，国内の自由で公正な経済活動を維持するための組織であるので不正解である。イの「法務省」とは，基本法制の整備，外国人の出入国管理，土地・家・会社などの登記や刑務所の運用など，法秩序の維持を主な活動としている組織なので不正解である。よって，正解はウとなる。

問3．特許権とは，自然法則を利用した高度な技術的創作に対して付与される権利である。アは，特許権について正しい内容が記述されている。イは，「農林水産植物の品種を育成」と記述されており，種苗法に基づく育成者権の内容なので不正解である。ウは「精神的創作活動について保護」とあり，著作権や著作隣接権などいわゆるアートに関する知的財産権についての記述なので不正解である。よって，正解はアである。

8

解説 問1．下線部(a)の文中に「真意ではない意思表示」とある。「真意ではない＝うそ・偽り」と判断できれば正答は得られるだろう。アの「錯誤による意思表示」とは，表意者に錯誤（間違いや誤り）があり自身の真意と表意内容に不一致があると気づかないまま意思表示を行うことであるので不正解である。イ「虚偽表示」とは，真実ではないと知りながら相手方と相談して真実であるかのように振る舞うことをいう。つまり，下線部(a)にあるように，うそや偽りを有する意思表示のことである。ウの「瑕疵ある意思表示」とは，表意者が第三者に騙されたり脅されたりしながら行った意思表示のことであるので不正解である。よって，イが正解である。

問2．本問では，ＡとＢは互いに偽り（虚偽）の契約であることを理解しており，Ｃは事情を知らずに適切な法律行為を行った善意の第三者と記されている。民法第94条第1項では，「相手方と通じた虚偽の意思表示は無効である」と定めている。さらに，第2項では「前項で定めた虚偽表示の無効は，善意の第三者に対抗できない」と定め，善意の第三者が不利益を被ることがないように保護している。アは「ＡとＢの契約は有効」とあるので不正解である。イの「ＡとＢの契約は無効」は正しいが，Ｃに別荘の返還（経済的な損害）を求めているので不正解となる。よって，正しい結論について記述されているウが正解である。

問3．経済社会を生きる私たちは，様々な契約を結んで暮らしている。契約は，当事者双方の意思表示が合致して効力を発する。まず，契約そのものを結ぶかどうか。次に，誰と契約を結ぶか。最後に，どのような内容で契約を結ぶかである。民法第521条は，契約の締結及び内容の自由について定め，他の法規や公序良俗に反しない限り，自由に契約できることを原則としており，これを一般に契約自由の原則と呼ぶ。よって正解は，「**契約自由**」の4文字を補えばよい。

9

解説 問1．アの「確定条件」とは，例えば「毎日5時間勉強したので，成績が上がった」のように，前に述べた事柄がすでに成立しているものとして，後の事柄に続ける表現形式のことである。文章表現上の条件であるので不正解となる。イの「停止条件」とは，例えば「志望校に合格したら，新しい財布をプレゼントしよう」のように，贈与（プレゼント）という法律行為が，不確定要素が成就（志望校に合格）するまで停止されることなので，不正解である。下線部(a)は，現在行われている贈与（学費の支援）が，不確定要素（試験に合格できなかった）の成就によって解除（支援を打ち切る）されると記述されている。よって，正解はウの「解除条件」である。

問2．アの「賃貸借」とは，借り主が動産・不動産などの目的物を借り入れ，その対価として貸し主に賃料を支払って，目的物を利用する法律行為のことである。問題文には賃料に関する記述がないため不正解である。イの「使用貸借」とは，借り主が動産・不動産などの目的物を無償で借り入れ，契約期限の到来と同時に貸し主に返却する法律行為のことである。親子間や兄弟・姉妹間，友人間などのように，親しい間柄で行われることが多い。ウの「消費貸借」とは，借り主が米や味噌，金銭などの消費物を借り入れ，これと同種・同等・同量の物を貸し主に返す法律行為のことである。問題のＤＶＤは消費物ではないと判断できるので，不正解である。下線部(b)だけでなく問題文全体をしっかり読むことで，正解がイであると判断できる。

10

解説 問1．アの「弁済」とは，例えば「借金を返す」や「商品を引き渡す」のように，債務者が債権の主たる目的を実行する行為のことで，正解はアである。イの「援用」とは，自分の考えが正しい

ことを証明するため，他の文献や事例，慣習などを用いることである。また，法律の分野においては，特定の事実を自らの利益のために主張することをいうので不正解である。ウの「補償」とは，損失を補ってつぐなうことなので不正解である。

問2．下線部(b)の「混同」とは，本来は区別すべきものを同一のものとして取り扱うことをいう。アの行為は「代物弁済」なので，不正解である。イでは，債権者である親の死去により，その権利が債務者である子に相続されたため，本来は区別されるべき債権者と債務者が同一の存在になったと記述しているので「混同」の具体例といえる。ウは，「更改」と呼ばれる法律行為の事例であるため不正解である。よって，正解はイである。

11

解　説　問1．目的物（担保物権）を債務者が占有したまま債権の担保とし，もし債務者が債務不履行をおこした場合は目的物を競売にかけ，その売却代金から優先的に弁済を受けることができる権利のことを「抵当権」という。下線部(a)は，典型的なア「抵当権」の事例といえる。イの「先取特権」とは，例えば給料債権（未払い給料を受け取る権利）のように，その弁済がなければ生活が困難になる人を優先する権利のことであるので不正解である。ウの「質権」は，「抵当権」と似た性質であるが，担保物を債権者が占有するという点が大きく異なるので不正解である。正解は，アの「抵当権」である。

問2．契約時に手付金が交付された場合において，支払人から契約解除を申し出た場合はその手付金を放棄（手付け損）する必要がある。逆に，受取人から契約解除を申し出た場合は，預かった手付金の倍額を返還（手付け損倍戻し）しなければならない。アは，受取人である不動産会社の金額が倍額の400万円になっていないので不正解である。イは，支払人のAに追加金を支払うよう記述されているので不正解である。よって，ウが正解である。

問3．アの「抹消登記」とは，すでに登記されている権利や登記事項が何らかの事情で消滅した場合に，それを登記簿等から削除して実態と合致させる法律行為のことなので不正解である。イの「移転登記」とは，すでに登記されている権利を別の人物に移し替える法律行為のことなので不正解である。ウの「保存登記」とは，新築された建物の所有権を明らかにするため，その建物の所有権者が行う初めての登記のこと。下線部(c)と一致するので，正解はウとなる。

問4．任意代理においては本人が代理人に代理権の授与を行うが，その際に交わされる文書のことを委任状と呼ぶ。つまり，下線部(d)の「代理権を与えたことを証明する文書」とは委任状のことなので，正解は「**委任状**」である。

12

解　説　問1．アでは「債務者に強制執行しやすい財産がある～強制執行をせよと主張できる権利」とあるので「検索の抗弁権」について記述していることが分かる。イでは，「保証人は債務者とともに債務の履行」と記述されており，「連帯保証人の求償権」を説明しているので不正解となる。ウは，「保証人は債務者に代わって債務の履行」と記述されており，「保証人の求償権」について説明しているので，不正解である。下線部(a)の内容と合致しているアが正解である。

問2．下線部(b)を素直に読むとよい。「金銭の貸借における利率～最高限度を定めている法律」とあるので，「利率→利息　最高限度額を定め→制限　法律→法」と置き換えれば正答が得られる。正解は，「**利息制限法**」である。

問3．アの「表面利率」とは，債券の額面金額に対して一定期間ごとに支払われる利息の割合のことなので，不正解である。イの「法定利率」とは，金銭貸借契約を結んだ当事者間で，利息に関する特別な取り決めがなかった場合に適用される法のことである。2020年の民法改正によりその利率は5％から3％に変更された。また，商人間の契約に適用された法定利率6％は同年に廃止されたため，現行の法定利率は一律3％となっている。ウの「固定利率」とは，金銭貸借契約を結んだ当事者間で利率を取り決め，その他の外部要因によって変動することのない利息の割合のことなので不正解である。よって，正解はイである。

問4．下線部(d)の「金銭消費貸借契約」とは，借り主が消費物を借り入れ，これと同種・同等・同量の物を貸し主に返す「消費貸借」であることを理解することが重要である。「消費貸借」は，借り主だけが債務者となるので片務契約である。さらに，本問では利息付きの金銭消費貸借契約であるため，借り主は利息という対価を支払う有償契約となる。正解はウとなる。

解　説　問1．借地借家法では立場の弱い借地人を救済するため，自らがたてた建物を登記することで，本来は債権である不動産賃借権を物権と同じように第三者に対抗できると定めている。これを不動産債権の物権化という。アは「賃借権が物権であり」とあるので不正解である。イは「法律で改正」が誤りなので，これも不正解となる。よって，正解は**ウ**である。

問2．借地借家法が定める普通借地権の存続期間は，当事者が期間を定めなかった場合は最初が一律30年，1度目の更新時は20年，2度目以降の更新は10年である。また，当事者の双方の合意があれば，上記よりも長い年数で契約することもできる。イは合意内容が，ウは存続期間が誤っているので不正解である。よって正解は，**ア**である。

問3．アの「長期型定期借地権」とは，存続期間が50年以上で契約の更新や建物の築造による期間の延長を認めず，借地人が建物の買い取り請求をしないことが条件なので，不正解である。イの「建物譲渡特約付借地権」とは，借地権の設定から30年経過した後に，借地上の建物を地主に譲渡することを予約した契約に適用される権利なので不正解である。正解は**ウ**である。

問4．下線部(d)の「原状回復」「契約終了時に～残金を返す」がキーワードとなる。アの「礼金」とは賃貸人（家を貸してくれる人）に対するお礼・謝礼で，その性質から，賃借人（家を借りる人）に返金されることはないので不正解である。イの「敷金」は，家を借りる時に支払う担保金であり，家賃の滞納や部屋の損耗を回復するために使われる。預けた金額と補填された金額の差額は，契約終了時に返金される。ウの「保証金」は賃貸契約期間が一定期間存続することを保証した形で，賃貸人に差し入れる金銭のことなので不正解である。正解は**イ**である。

14

解　説　問1．占有権の譲渡（目的物の引き渡し）に関する出題である。アの「簡易の引き渡し」とは，下線部(a)そのものである。イの「指図による占有移転」とは，売買の当事者以外の第三者が目的物を占有している時に，売り主がその第三者に「買い主のために保管せよ」と指図し，買い主も第三者の保管を了承するという意思表示だけで成立する内容のため不正解である。ウの「占有改定」とは，目的物の占有者がその目的物を手元に置いたまま，「占有権だけを他者に移す」という意思表示だけで成立する内容のため不正解である。よって，正解は**ア**である。

問2．遺失物はまず，拾得者が警察に届け出て所有者が現れるのを待つことになる。それでも，該当者が出ない場合は警察署長がその旨を公示し，その後3か月以内に所有者が現れない場合は，拾得者がその所有権を取得する。アは遺失物の手続きについて正しく記述されている。イは「6か月」が，ウは「現金なら6か月」の部分が誤りである。よって正解は，**ア**である。

問3．アの「善良な管理者の注意」とは，委任を受けた受任者が委任業務を行うにあたって心がけなければならない事項のことなので，不正解である。イの「無主物の帰属」とは，所有者のいない動産については先に占有した人が所有権を取得する，という内容で，正解は**イ**となる。ウの「原状回復義務」とは，契約の解除などがあった場合は契約前の状態に戻さなければならないこと，であるため不正解となる。

解　説　問1．アの「工作物責任」とは，建物のような土地に設置された工作物に瑕疵があり他人に損害を与えた場合は，工作物の占有者がその責を負うことなので不正解となる。イの「共同不法行為責任」とは，例えば工業団地の共同排水溝から汚水が流れ近隣に被害を与えた場合は，特定の企業だけでなく，工業団地内のすべての企業に責任があるとする考え方なので，これも不正解である。下線部(a)の事例は「使用者責任」について記述されているので，正解は**ウ**である。

問2．「慰謝料」とは，生命・身体・自由・名誉などが侵害された場合に，その損害を補填する賠償金のことをいう。アは休業損害についての記述なので不正解である。ウは，社会保険制度の説明なのでこれも不正解である。よって正解は，**イ**である。

問3．下線部(c)では，「一定期間が経過すると請求権がなくなってしまう時効制度」とあることからア「消滅時効」の説明と判断できる。イ「取得時効」とは，「一定期間，権利を継続して事実上行使する者にその権利を取得させるという時効制度」のことなので不正解である。ウ「公訴時効」とは，「犯罪が行われたとしても，一定期間が過ぎれば公訴することができなくなるという時効制度」のことなので不正解である。よって，正解は**ア**となる。

選択問題Ⅰ〔会社に関する法〕

1

解説 問1．約束手形の記載事項は，次のように分類できる。

①必要的（絶対的）記載事項…その記載がないと原則として手形の効力が認められない事項

②有益的記載事項…その記載がなくても手形として有効，かつ，記載内容に効力がある事項

③有害的記載事項…記載されると手形そのものが無効となる事項

下線部(a)は，「その記載を欠けば原則として手形の効力を認められない」とあるので，正解は「**必要的（絶対的）**」の3文字を補えばよい。

問2．アの「債権者保護手続き」とは，吸収合併などによって会社組織が再編される時に，債権者に不利益が生じないようにする手続きのことなので不正解である。イの「マネーローンダリング」とは，犯罪や不正取引などで得た資金を，複数の金融機関を経由することで出所を不明にし，正当な資金と見せかける行為なので不正解である。よって，正解は**ウ**となる。

2

解説 問1．会社法第296条では，株式会社は毎事業年度の終了後，一定の時期に定時株主総会を招集しなければならない，と定めている。また，会社法第124条は，ある日を基準日とする株主名簿（基準日株主）の効力を3か月と定めている。以上から，定時株主総会は毎事業年度終了後の3か月以内に開かれる，と解釈できる。イとウはともに月数が違うので不正解，正解は**ア**となる。

問2．下線部(b)の「公開会社」とは，会社の承認がなくても一種類以上の自社の株式を自由に譲渡できる，と定款で定めている株式会社のことである。逆に，すべての株式に譲渡制限をかけているのが「非公開会社」である。したがって，アは不正解であり，イが正しい記述となる。ウの文章は，会社法第2条が定める「大会社」の説明なので不正解である。正解は，**イ**である。

問3．アの「金融商品取引法」は，国民経済の健全な発展と投資家の保護を目的とした法であるので不正解である。イの「会社法」は，会社の設立やその組織，運営および管理など会社という法人を経営していくうえで，遵守すべき事項について定めている。ウの「特定商取引法」は，訪問販売や通信販売などにおいて，悪質・違法な勧誘などから消費者を守るために定められた法であるので不正解である。よって，正解は**イ**となる。

選択問題Ⅱ〔企業の責任と法〕

1

解説 問1．アの「アカウンタビリティ」とは，経営者（責任者）が利害関係者（株主や債権者）に対して行う説明責任または説明義務のことである。イの「モラルハザード」とは，本来は保険業界で用いられた言葉で，保険に加入して安心したため，かえって事故や病気に対する注意が欠如してしまう状態のことなので不正解である。ウの「アポイントメントセールス」とは，例えば「プレゼントに当選したので来店してください」のように，本来の販売物品やサービス以外の物で顧客を呼び寄せ，売買契約を結ぼうとする行為なので不正解となる。正解は，**ア**である。

問2．アは「特定商取引法」に基づくクーリング・オフ制度の説明であり，イは「不正競争防止法」に基づき産業スパイを防ぐ制度の説明であるため，ともに不正解である。ウは，「公益通報者保護法」に基づく公益通報制度の説明が正しくなされている。よって，正解は**ウ**である。

2

解説 問1．契約は一般に，双方の主張に食い違いがないように書面を交付する。だが，その書面が真実に正しく作成されたかどうかについては，争いの火種となる場合もある。そのため，特に重要な契約については，公証人の立ち会いのもと，証明に強い効力を有する公正証書を作成することが望ましい。よって，正解は「**公正証書**」となる。

問2．アの「被告」とは，訴訟において訴えを起こされた人のことである。イの「原告」とは，訴訟において訴えを起こす人のことなので不正解である。ウの「検察」とは，取り調べを行って事情を明らかにすることを意味するので不正解となる。よって，正解は**ア**である。

問3．アの「鑑定」は，専門家が物事を見極め判断することなので不正解である。イの「調停」は，対立する両者が互いに譲歩しあい，第三者を交えながら双方にとって妥当で現実的な解決を図ることである。ウの「仲裁」とは，主張が食い違う両者からの依頼で第三者が入り，その第三者の判断によって争いごとの解決を図る方法なので不正解である。正解は，**イ**である。

第37回　検定試験問題解答　（各2点）

	問1	問2	問3
1	ア	ウ	イ

	問1		問2
2	文 理 解釈		ウ

	問1	問2
3	ア	イ

	問1	問2	問3	問4
4	ウ	イ	ア	ア

	問1	問2	問3
5	イ	ア	ウ

	問1			問2	問3
6	物 権 法 定 主義			ウ	ア

	問1	問2	問3
7	ウ	特 許 庁	イ

	問1	問2	問3	問4
8	イ	ウ	イ	ア

	問1		問2	問3	問4
9	停 止 条件		ア	ウ	イ

	問1	問2	問3
10	ウ	ア	ウ

	問1	問2	問3
11	イ	表 見 代理	ウ

	問1	問2	問3
12	イ	ア	イ

	問1	問2	問3	問4
13	ウ	抵 当 権	イ	ア

	問1	問2	問3	問4
14	ウ	イ	保証人の 求 償 権	ア

選択問題Ⅰ〔会社に関する法〕

	問1	問2
1	イ	ウ

	問1	問2	問3
2	ア	イ	募 集 設立

選択問題Ⅱ〔企業の責任と法〕

	問1	問2	問3
1	ア	ウ	クーリング（・）オフ

	問1	問2
2	イ	ア

（　　）内は別解。

第37回　検定試験問題の解説

1

解説　問1．アの「社会規範」とは、社会生活が平穏・円滑に秩序を保って営まれていくために、社会の誰もが守らなければならないルールのことである。イの「行動理念」とは、個人または企業などが何らかの行動をする際に、大切にすべきだとする根本的な考え方のことである。ウの「社会秩序」とは、社会生活が混乱なく営まれている状態、および、そのために必要な社会制度や仕組みのことである。下線部(a)には社会規範の特徴が記述されているので、正解は**ア**である。

問2．アの「長い間のならわしや風習」は、慣習についての説明なので不正解である。イの「善悪を判断する～価値観に依存」は、道徳についての説明なので不正解となる。ウは、「国家権力によって～守ることを強制」と法の特質を正しく記述している。よって、正解は**ウ**となる。

問3．アの「規則」とは、地方公共団体の長などが定め、その区域内の社会関係を規律したり、行政事務などの細目を定めたりする成文法のことであるので不正解となる。イの「判例法」は、同じような事件について、同様の判決がたびたび下され、判例の方向がだいたい定まったもので、不文法である。ウの「条約」は、国家間の文書による協定であるため成文法で不正解となる。下線部(c)は不文法について問うているので、正解は**イ**となる。

2

解説　問1．法の解釈は、大きく二つに分類される。まずは、法文の字句・文章の意味を明らかにすることによって、文言どおりに法を解釈する文理解釈がある。そして、法全体との関連性を考慮し論理に従って解釈する論理解釈がある。本問は下線部(a)の「文言通りに解釈」がキーワードであり、そこから文理解釈と判断できるので、正解は「**文理**」となる。

問2．アの「反対解釈」は、ある事項について法律の規定があるとき、それ以外の事項については、その規定は適用されないと解釈することであるので不正解である。イの「縮小解釈」は、法文で用いられる言葉の意味を、通常の用法よりも狭めて解釈することなので不正解となる。ウの「類推解釈」は、ある事項について法の規定がないとき、類似した法の規定から類推して解釈することをいう。下線部(b)では、バーベキューや花火が禁止ならば、たき火も禁止ではないか、と類推しているので、正解は**ウ**である。

3

解説　問1．公共の福祉とは、社会全体の利益という意味である。アは、公共の福祉について正しく記述されている。イは、人権についての説明文であるため不正解である。ウの「公の秩序または善良な風俗」は、公序良俗について説明しているので、これも不正解である。正解は**ア**である。

問2．アの「権利・義務の主体」とは、社会生活を営むうえで、権利をもったり、義務を負ったりする者のことなので不正解である。イの「権利の濫用」とは、自らの利益を優先することで、他者や社会全体に損害を与える行為のことである。ウの「治外法権」とは、例えば外交官のような特定の外国人は、居住する国の法律に従わなくてもよいとする権利のことなので不正解である。本問全体をしっかりと読み解けば、正解が**イ**であると導ける。

4

解説　問1．アの「権利能力」とは、権利・義務の主体となることのできる資格のことであるため、不正解である。イの「行為能力」とは、法律行為を1人でできる資格のことなので、これも不正解となる。下線部(a)は意思能力について記述されているので、正解は**ウ**である。

問2．アは「軽度の精神上の障がい」とあり、被補助人を指しているので不正解である。イの「判断能力を欠く常況」は成年被後見人を指している。ウは「判断能力が著しく不十分」とあり、被保佐人を指しているので不正解である。よって、正解は**イ**となる。

問3．アの「任意後見制度」とは、本人に十分な判断能力があるうちに将来に備えて後見人に代理権を与える制度である。イの「法定後見制度」とは、現に判断能力が不十分な人物について主に本人や家族の請求により家庭裁判所が適任と認める者を保護者として選任する制度であるので不正解である。ウの「三審制度」とは、正しい裁判を実現するため、一つの事件について一審、二審、三審と3回まで裁判を受けることができる権利のことなので不正解となる。よって、正解は**ア**である。

問4．制限行為能力者と取引した相手方は取引後に、当該の法定代理人・補助人・保佐人または成年後見人に対して、1か月以上の期間を定め、期間内に取引を認めるかどうか確答せよ、と催告

できる。そして，もしその期間内に確答がない場合は，制限行為能力者側はその取引を認めたことになり契約は成立する。イとウはともに，「売買契約は成立しない」とあるので不正解である。よって，正解は**ア**である。

5

解説　問1．選択肢はすべて無体物であるが，このうちアの「熱」とウの「光」については，人間の管理が及ばない範囲があり，取引の対象とはなっておらず，法律上は物（財物）として認められていない。一方で，刑法第245条は「電気は財物とみなす」と定めており，電気が人間の支配・管理下にあり，取引の対象となっていることを示している。よって，正解は**イ**の「電気」である。

問2．物と物との間で，一方が他方の使いみちをつねに助けるように付属している場合，その付属させている物（主たる用途のある物）を主物といい，付属させられている物（主物を補う用途のある物）を従物という。アの組み合わせは，まさに主物と従物の関係にある。イとウは，どちらも元物と果実の関係であるため不正解となる。よって，正解は**ア**である。

問3．アは不特定物についての記述であり，イは元物についての記述なので，どちらも不正解となる。よって，正解は**ウ**である。

6

解説　問1．下線部(a)のうち「物権は〜その種類や内容は法律が定め」という部分がキーワードとなる。正解は「**物権法定**」の4文字を補えばよい。

問2．アは，文化財保護法についての記述なので不正解である。イは，入会権（いりあいけん）についての記述なので不正解である。ウは，民法第234条の境界線付近の建築の制限について記述された文章である。建築基準法と混同しないように注意したい。よって，正解は**ウ**である。

問3．アの「囲繞地」（いにょうちいじょうち）とは，袋地を囲んでいる他人の土地のことである。イの「袋地」とは，他人の土地に囲まれていて，公道に通じていない土地のことなので不正解である。ウの「公地」とは，国や地方自治体などが所有する公共の土地を指すので不正解である。下線部(c)は囲繞地を記述しているので，正解は**ア**となる。

7

解説　問1．我が国は，TPP（環太平洋パートナーシップ協定）に加盟しており，その取り決めによりそれまで50年であった著作権の保護期間が，2018年に70年へと変更された。また，著作物の種類と保護期間は以下の通りである。

著作物の種類	保護期間
実名の著作物	著作者の生存中および死後70年間とする。
無名・変名の著作物	著作物の公表後70年間，または，著作者の死後70年経過が明らかならばそこまでとする。
団体名義の著作物	著作物の公表（公開）後70年間とする。ただし，著作物が創作後70年以内に公表（公開）されなければ，創作後70年間とする。
映画の著作物	

著作物の種類によって多少の差異はあるが，保護期間はどれも70年と理解すればよい。アとイはどちらも死後50年間とあるので不正解である。ウは，保護期間を70年間と正しく記述している。よって，正解は**ウ**となる。

問2．工業所有権の登録（出願）先を整理すると以下の通りとなる。

工業所有権	登録先
特許権	特許庁
実用新案権	
意匠権	
商標権	
育成者権	農林水産省
回路配置利用権	経済産業省

下線部(b)は意匠権の説明文と混同しやすいが，「音その他政令で定めるもの（標章）」の部分に着目すれば，商標権の記述だと判別できる。よって，正解は「**特許庁**」となる。

問3．下線部(c)のキーワードは「美感をおこさせる創作」である。これは，いわゆるデザインを法文化した表現であることに気付けば正解は得られる。アの「商標権」は下線部(b)であるため不正

解となる。イの「意匠権」とは物に施されたデザインに与えられる権利である。ウの「実用新案権」とは，自然法則を利用した技術的な創作である考案のうち，物品の形状，構造または組み合わせに対して与えられる権利なので不正解である。よって，正解は**イ**である。

8

解　説　問1．「贈与」とは，当事者双方の取り決めにより，一方（受贈者）が特定の財物を，もう一方の相手方に無償で引き渡す行為のことである。したがって，その契約は諾成・片務・無償となる。アの組み合わせは双務・有償とあるので不正解である。イは，贈与契約の性質が正しく記述されている。ウは，要物・双務とあるので不正解となる。よって，正解は**イ**である。

問2．アの「錯誤による意思表示」とは，思い違いやいい間違いによってなされた意思表示のことなので不正解である。イの「強迫による意思表示」とは，相手に無理な要求を押し付けられたり，恐怖心を抱いたりすることによってなされた意思表示なので，これも不正解である。ウの「詐欺による意思表示」とは，他人にだまされたことで行った意思表示のことであり，下線部(b)と合致する。正解は**ウ**である。

問3．アの「保存登記」とは，新しくたてた建物の所有権を明らかにするために，所有者がはじめて行う登記のことなので不正解である。イの「移転登記」とは，すでに登記してある権利を他人に移転させる登記のことであり，下線部(c)の行為がこれに該当する。ウの「抹消登記」とは，登記簿の内容が何らかの理由で消滅したり，根本的に存在しなかったりするなどの特殊な場合に，それを記録簿から消し去る登記のことなので不正解となる。正解は**イ**である。

問4．民法第96条によれば，詐欺にかかって意思表示をした者は，その意思表示を取り消すことができる，と記されている。同条はさらに，善意無過失の第三者に対しては，取り消しを主張することができない，と定めている。アは下線部(d)の正しい結論が記述されている。イとウはともに，善意無過失の第三者に対して取り消しの主張ができると記述されているので不正解である。よって，正解は**ア**である。

9

解　説　問1．下線部(a)では，「旅行のプレゼント」つまり贈与という法律行為が，「無事に定年を迎えること」まで停止されると記述されている。このような契約内容のことを停止条件という。よって，正解は「**停止**」の2文字を補えばよい。

問2．アの「妨害予防請求権」とは，物権の完全な実現が妨害されるおそれのある場合に，事前にその妨害の予防を請求できる権利のことである。下線部(b)は，まさに妨害予防請求権について記述した事例といえる。イの「妨害排除請求権」とは，物権の完全な実現がすでに妨害されている場合に，その妨害を排除せよと請求できる権利のことであるので不正解である。ウの「返還請求権」とは，所有する物権が権利のない第三者に占有された場合に，その物権を返還せよと請求できる権利のことなので不正解である。よって正解は，**ア**である。

問3．アは，請負について記述されているので不正解である。イは，名義貸しについて記述されているのでこれも不正解である。ウは，委任状について正しく記述されている文章である。よって，正解は**ウ**である。

問4．下線部(d)の「Bさんのかわりに業者に依頼」という部分がキーワードである。アの「間接強制」とは，例えば債務者に，債務を履行しないなら損害賠償をしなさい，と命じて心理的な圧迫を加えることで，間接的に履行を強制する手段なので不正解である。イの「代替執行」とは，まさしく下線部(d)の事例である。ウの「直接強制」とは，債務者の意思にかかわらず，裁判所の手によって，債権の内容を直接に実現する手段であるので不正解である。よって，正解は**イ**である。

10

解　説　問1．アの「埋蔵物発見」とは，例えば所有する土地の中から古銭が発見された，という場合を指す用語なので不正解である。イの「遺失物拾得」とは，落とし物などを拾うことを意味するのでこれも不正解である。下線部(a)の「野生の犬や猫」が無主物であることをしっかりと理解しておくとよい。正解は，**ウ**である。

問2．民法第140条では，「日，週，月または年によって期間を定めた場合は，期間の初日は算入しない」と定めている。また，民法第141条では期間の満了について，「日，週，月または年によって期間を定めた場合は，期間の末日の午後12時（期間の末日の翌日午前0時）をもって満了すると定めている。本問では，7月5日から10日間のレンタル契約と設定されているので初日は算入せず，満了日は7月15日の24時となる。イとウはともに初日を算入しているため「7月14日」

と記述されていて不正解となる。正解は**ア**である。

問3. アの「使用貸借」とは，動産や不動産を無償で借り，使用・収益したあとで返すことを約束した契約である。下線部(c)からは有償契約と読み取れるので不正解である。イの「消費貸借」とは，金銭や米などの目的物を借りてこれを消費し，その目的物と同種・同等・同量の物を返却することを約束した契約である。下線部(c)からは目的物を消費せず使用・収益して返却するとあるので不正解となる。よって，正解は「賃貸借」の**ウ**である。

11

解説 問1. アの「任意代理」とは，本人と代理人との取り決めによって，代理権の授受が行われることであるので不正解である。イの「法定代理」とは，下線部(a)の記述そのものである。ウの「復代理」とは，代理人が自らの権限内の行為を行うために，自分の名でさらに代理人を選任する法律行為であるため不正解となる。正解は，**イ**である。

問2. 下線部(b)を要約すると①本来は無権代理である。②本人と無権代理人との間に特別な関係がある。③相手方に対して，外観上は代理権があるように見える。④その外観を信じて行われた法律行為は，有効である。このように，実際には代理権がないにもかかわらず，代理権があるように見え，かつ，そう信じたことに落ち度がない場合は，取引の相手方を保護する必要が生じる。これを表見代理という。解答は**「表見」**の2文字を補えばよい。

問3. [事例]全体をしっかりと読み取る必要がある。Aは，以前はX店の代理人であったが解雇によって代理権を失っている。それにもかかわらず，Bに対して代理権があるかのように振る舞い，代金を受け取りX店の領収証をBに手渡している。このように，代理権が消滅した表見代理を滅権代理と呼び，善意無過失のBは保護される。アは「BはAの外観を信ずべき正当な理由があるとはいえない」という部分が誤りなので不正解である。イは「Aの行為は与えられた権限を越えた越権行為」という部分が誤りなので不正解である。ウは「代理権消滅後の無権代理」と[事例]の内容を正しく記述している。よって，正解は**ウ**となる。

12

解説 問1. アの「時効の完成猶予」とは，天災などの特別な事由によって，裁判や競売といった法律行為が実行できない場合に，時効の完成を延期する制度のことなので不正解である。イの「時効の更新」とは，一定の事由が発生した場合に，それまで経過していた時効期間が更新され，その時から新たな時効期間の進行が開始する制度である。つまり，時効期間がリセットされると考えればよい。下線部(a)のうち「その継続を妨げるような事情があれば，その時からあらためて時効の期間を計算」の部分が「時効の更新」を記述していることに気付くとよい。ウの「時効の援用」とは，時効の完成によって利益を受ける者が，「時効制度を利用する」と相手方に主張する行為のことなので不正解である。よって，正解は**イ**である。

問2. アの「取得時効」とは下線部(b)の記述そのものである。イの「消滅時効」とは，一定の期間，権利を行使しないことによって，権利を消滅させる制度のことなので不正解である。ウの「公訴時効」とは，犯罪が行われてから一定期間が過ぎると，起訴することができないという刑事手続上の制度であるので不正解となる。正解は，**ア**である。

問3. 民法第162条では取得時効について，所有の意思をもって平穏かつ公然と他人の物を20年間占有した者は，その所有権を取得すると定めている。また，所有の意思をもって平穏かつ公然と他人の物を10年間占有した者は，その占有の開始時が善意で過失がなかったときは，その所有権を取得すると定めている。問題文をしっかりと読めば，Bが畑を占有したとき，善意かつ無過失であったと理解できるので，取得時効は10年となり土地の所有権はBに存在すると理解できる。アでは「所有権はBにあると主張することができない」という部分が誤りなので不正解である。イは所有権の取得時効について正しく記述されている。ウは時効期間の20年と所有権を主張できないという二つの部分が誤りなので不正解となる。正解は**イ**である。

13

解説 問1. 手付金を交付した契約について，支払人から契約解除の申し出を行う場合はその手付金を放棄し，受取人から契約解除の申し出を行う場合は手付金の2倍の金額を相手方に差し出す必要がある。これを手付損倍戻し，または，手付倍返しという。アは不動産業者の戻し金が2倍になっていないため不正解である。イは，A(支払人)の戻し金が2倍と記述されているので不正解である。よって，正解は**ウ**である。

問2. 土地や建物などの目的物を債務者(または第三者)が占有したままで債権の担保とし，債務者が弁済期に弁済しない場合には，債権者がその目的物を競売して，その代金から他の債権者に優

先して弁済を受けることのできる権利を抵当権という。正解は「**抵当**」の2文字となる。

問3．アの「履行遅滞」とは，債務の履行が期限よりも遅れることなので不正解である。下線部(c)は，食器洗浄機の設置が不完全であると記述されていることに気付けば，イの「不完全履行」に該当することが分かる。ウの「履行不能」とは，債務者が何らかの事由でその債務を実行できない状態のことをいうので不正解である。正解はイとなる。

問4．民法第566条では「売主が種類又は品質に関して契約の内容に適合しない目的物を買主に引き渡した場合において，買主がその不適合を知った時から1年以内にその旨を売主に通知しないときは，買主は，その不適合を理由として，履行の追完の請求，代金の減額の請求，損害賠償の請求及び契約の解除をすることができない。」と定めている。イは通知期限を3年としているので不正解である。ウは通知期限の定めなしとあるので不正解となる。よって，正解はアとなる。

14

解説　問1．アの「保証債務」とは，実際の債務者を「主たる債務者」と，その債務者に頼まれて債務を負う「従たる保証人」という主従関係が成立しており，連帯ではないので不正解である。イの「連帯債務」とは，債権を確保するために，複数の債務者がそれぞれ債務全体について履行の責任を負うという制度なので不正解である。ウの「連帯保証債務」は下線部(a)の説明通りである。よって，正解はウとなる。

問2．アは，検索の抗弁権について記述しているので不正解である。イは，下線部(b)について正しく記述された文章である。ウは，代物弁済についての記述なので不正解である。よって，正解はイである。

問3．下線部(c)のように，保証人がかわって支払った債務を主たる債務者に返済せよという権利のことを保証人の求償権という。正解は「**求償**」である。

問4．下線部(d)では債権者がその債権を放棄し，債務者の債務を消滅させる。つまり，債務の「免除」について記述されている。イの「相殺（そうさい）」とは，債権者と債務者が互いに弁済期にある同種の債権をもっている場合に，一方の意思表示によって，相互の債権の対当額を消滅させる行為なので不正解である。ウの「更改」とは，新債務によって旧債務を消滅させる行為なので，こちらも不正解である。正解は，アである。

選択問題I〔会社に関する法〕

1

解説　問1．アの「電子記録債権」とは，電子債権記録機関が作成する記録原簿への電子記録をその発生・譲渡等の要件とするものであり，手形とは異なるので不正解である。イの「要式証券」とは，下線部(a)に記述された内容の債権である。ウの「不完全有価証券」とは，貨物引換証や倉庫証券のように，権利の発生・移転・行使のすべての面において，権利と証券とが結合していない債権のことなので不正解である。正解は，イである。

問2．アは「確定日払い」の記述なので不正解である。イは「一覧後定期払い」の記述なのでこれも不正解となる。ウは「一覧払い」についての記述がなされているので，正解はウである。

2

解説　問1．持分会社とは，所有と経営が一致している会社のことで，合名会社・合資会社・合同会社の三つに分類される。したがって，アの文章が持分会社について正しく記述している。イは，指名委員会等設置会社についての記述なので不正解である。ウは，持株会社についての記述なので不正解となる。正解はアである。

問2．アの「約款」とは，定型的な契約の内容があらかじめ決められている場合の契約条項のことなので不正解である。イの「定款」とは，法人（会社）の目的・組織・活動内容などを定めた根本的な規則のことである。ウの「商号」とは，法人や個人事業主が事業を行う際に使用する名称のことなので不正解である。正解はイである。

問3．会社の設立に際し，発起人が設立時に発行する株式の全部を引き受ける方法を，発起設立という。これに対して，発行する株式の一部だけを発起人が引き受け，残りについては一般からの公募あるいは縁故募集を行う方法を，募集設立という。下線部(c)は，この募集設立を記述しているので，正解は「**募集**」の2文字を補えばよい。

選択問題Ⅱ〔企業の責任と法〕

1

解説 問1. アの「キャッチセールス」とは，路上や街頭などで販売目的であることを隠して他者を呼び止め，路地裏やファミリーレストランなどに同行させて勧誘を行う悪質商法のことをいう。下線部(a)の行為がまさにこれである。イの「アポイントメント・セールス」も悪質商法の一つで，本来の販売目的である商品以外の物で消費者を店舗などに誘引して，全く別の高額商品を売りつけようとする手法なので不正解である。ウの「ネガティブオプション」とは，注文していない商品を，勝手に送り付け，その人が断らなければ買ったものとみなして，代金を一方的に請求するという悪質商法のことなので不正解である。よって，正解は**ア**である。

問2. アの「試用販売」とは，事前に取引先に商品を送り試用してもらい，取引先が購入の意思表示をすることによって，売買が成立するという販売方法なので不正解である。イの「連鎖販売」とは，消費者に商品の再販売や斡旋により利益が得られると誘引し，大量の商品を購入させ，さらに別の消費者を誘引させるという行為なので不正解である。下線部(b)のように，代金を複数回に分けて授受する販売方法を「割賦販売」という。よって，正解は**ウ**である。

問3. 消費者が訪問販売や電話勧誘販売などの特定の取引や，悪質商法などによって商品や役務を契約した場合に，一定期間内であれば理由を問わず，一方的に申し込みの撤回または契約の解除ができる制度をクーリング（・）オフという。正解は「**クーリング（・）オフ**」である。

2

解説 問1. アの「労働協約」とは，使用者と労働組合との間の労働条件，その他に関する約束事なので不正解である。イの「就業規則」とは下線部(a)に記述されているとおりである。ウの「事務管理」とは，特に頼まれたり契約したりしているわけでないにもかかわらず，他人のために仕事を行うことなので不正解である。正解は**イ**である。

問2. 下線部(b)はアの「雇用」について説明している文章である。イの「請負」とは，請負人が一定の仕事を完成させることを約束し，注文者がそれに対して報酬を支払うことを約束する契約なので不正解である。ウの「委任」とは，当事者の一方が法律行為をすることを相手方に委託し，相手方がこれを承諾することによって，その効力を生じる契約のことなので不正解である。よって，正解は**ア**である。

58	正式名称を「特定農林水産物等の名称の保護に関する法律」といい，特定の産地と品質などの面で結び付きのある農林水産物や食品などの名称（地理的表示）を知的財産として保護する法律を何というか。	
59	法の場所的な適用範囲を自国領域内に限定する考え方を何というか。	
60	自然法則を利用した技術的創作を何というか。	
61	工業所有権に関するパリ条約や著作権に関するベルヌ条約に関する事務を取り扱っている，国際連合の専門機関の一つを何というか。	
62	新しい機械，その使用方法，またはその製造方法を発明し，特許庁で審査され，登録を受けた者に認められる権利を何というか。	
63	上の62の審査方法の一つで，特許庁は出願した発明を，特許権を認める要件をそなえているか審査し，要件をそなえている場合には特許原簿に登録することを何というか。	
64	先に出願をした者に権利を認めるという考え方を何というか。	
65	他人が許可なく知的財産権の対象となるものを使用している場合に，それをやめさせるとともに，将来その権利を侵害しないような予防措置を求めることを何というか。	
66	物品の形状・構造・組み合わせを変えることで技術的効果が生じる考案をし，特許庁で登録を受けた者に認められる権利を何というか。	
67	上の66の認定要件の一つであり，保護する考案を，物品の形態に限定し，三次元空間に存在するものでなければならないとするものを何というか。	
68	特定の工業所有権に採用されているもので，特許庁に出願すれば，原簿に無審査で登録され，権利が取得できるという方針を何というか。	
69	特許などの出願後，出願書類が，法令で決められた形式や手続きにあっているかを判断する審査を何というか。	
70	物品の形状・模様・色彩，またはその結合を変えることで美感を起こさせる創作をし，その施すべき物品を指定して特許庁で登録を受けた者に認められる権利を何というか。	
71	意匠として認める場合に，工業的生産過程を通じて，大量生産できるものにかぎるという要件を何というか。	

答
58 地理的表示法
59 属地主義
60 発明
61 世界知的所有権機関（WIPO）
62 特許権
63 審査主義
64 先願主義
65 差止請求
66 実用新案権
67 形態性要件
68 無審査主義
69 方式審査
70 意匠権
71 工業上の利用可能性

72	事業者が商品や役務に使用する識別性のあるマークなどについて，それを付するものを指定し，特許庁で登録を受けた者に認められる権利を何というか。	
73	商標権が認められるための要件の一つで，商品や役務の商標が，他と識別できるものであることを何というか。	
74	農産物，林産物および水産物の生産のために栽培される種子植物，しだ類，せんたい類，多細胞の藻類その他政令で定める植物のことを何というか。	
75	新しい上の74の品種を育成し，農林水産省で登録を受けた者に認められる権利を何というか。	
76	半導体集積回路の配置を創作し，経済産業省で登録を受けた者に認められる権利を何というか。	
77	著作者，すなわち著作物を創作する者の権利を何というか。	
78	著作者の権利およびこれに隣接する権利を定め，その保護を目的とする法律を何というか。	
79	文芸，学術，美術または音楽の範囲に属する思想，または感情の創作的表現を何というか。	
80	上の79の翻訳，編曲，変形，映画化その他翻案(変更)などをして創作性のあるものを何というか。	
81	新聞，雑誌，百科事典など素材の選択または配列で創作性のあるものを何というか。	
82	著作権の発生のためには，いかなる方式も必要とせず，著作物の誕生とともに著作権も発生するという制度を何というか。	
83	実演家・レコード製作者・放送事業者などが，著作物を利用する(録音・録画・複製などをする)際に認められる，著作権に準ずる権利を何というか。	

Ⅲ　取引に関する法 ― その1．財産権と契約，そしてその保護

1	売買や貸借などの法律上の効果を発生させたいという意思を他人に伝えることを何というか。	
2	契約を成立させるためには二つの意思表示の合致が必要であるが，それはどのような意思表示か。	
3	契約の当事者は，契約をするかしないか，また，その内容や形式，相手方を自分の意思で決めることができるとされているが，民法のこの基本原則を何というか。	
4	電気やガスの供給，運送，保険，預金などの契約のように，当事者の一方があらかじめ決めておいた定型的な契約内容に従って結ばれる契約を何というか。	

答
72商標権　73自他識別力要件
74農林水産植物　75育成者権
76回路配置利用権
77著作権　78著作権法
79著作物　80二次的著作物　81編集著作物
82無方式主義
83著作隣接権

Ⅲ　取引に関する法 ― その1．財産権と契約，そしてその保護

1　財産権と契約
1意思表示　2「申し込み」と「承諾」　3契約自由の原則
4付合契約――[普通取引約款]　┌[内容決定の自由]
　　　　　　　　　　　　　　├[締結の自由]
　　　　　　　　　　　　　　├[相手方選択の自由]
　　　　　　　　　　　　　　└[形式選択の自由]

5	ある事柄や事情を知らないことと知っていることをそれぞれ何というか。	
6	ある事柄や事情を知らず，その知らないことについて落ち度がないことを何という。	
7	表意者の真意（しんい）が正しく表示されず，真意と表示がくい違っている場合のように，意思表示が真意を欠くことを何というか。	
8	うそや冗談（じょうだん），追従（ついしょう）などを言う場合のように，真意でないことを自分で知りながら，真意とくい違った意思表示をすることを何というか。	
9	友だちと示し合わせて第三者をだます場合のように，相手方と相談し，真意とくい違う偽（いつわ）りの意思表示をすることを何というか。	
10	思い違いや言い違いによってなされた意思表示のことをいい，真意と意思表示の内容が一致していないことに表意者自身が気づかない場合の意思表示を何というか。	
11	内心の意思が本人の自由な判断によって決定されたのではなく，他人から欺（あざむ）かれたり，強迫（きょうはく）されたりしてなされた意思表示を何というか。	
12	意思表示は，原則として意思表示が相手方に到達したときから効力が生じるものとされているが，この考え方を何というか。	
13	発信のときに意思表示の効力が発生するものとされる考え方を何というか。	
14	例えば，公序良俗（こうじょりょうぞく）に反する行為のように，外形上は法律行為として成立していても，最初から効力が発生しないものとされる法律行為を何というか。	
15	いちおう有効に成立しているが，取り消せばはじめにさかのぼって無効とされ，追認（ついにん）すればはじめから有効であったことが確定する法律行為を何というか。	
16	法律行為の存在を前提にした一定の行為がなされたため，意思表示がなくても追認があったとみなされることを何というか。	
17	法律行為の効力の発生あるいは消滅（しょうめつ）が，将来の不確定な事実にかかっている場合に，その事実のことを何というか。	
18	条件には，その成就（じょうじゅ）まで法律行為の効力の発生を停止させるものと，それが成就することで法律行為の効力を消滅させるものとがあるが，それぞれを何というか。	
19	法律行為の効力の発生あるいは消滅（しょうめつ）が，将来必ず到来（とうらい）する事実にかかっている場合に，その事実のことを何というか。	
20	上記の19には，将来到来する時期が確定している場合と，到来の時期が不確定な場合とがあるが，それぞれを何というか。	

答

5 善意と悪意　　6 善意無過失
7 真意でない意思表示
　　［意思の不存在］
　　　　8 心裡留保（しんりりゅうほ）　　　　　11 瑕疵（かし）ある意思表示
　　　　9 虚偽表示（通謀虚偽表示（つうぼう））　　　　　　　［詐欺による意思表示］
　　　　10 錯誤による意思表示　　　　　　　　　　［強迫による意思表示］
　　［意思表示の効力発生時期］
　　　　12 到達主義
　　　　13 発信主義
14 無効な法律行為　　15 取り消しのできる法律行為　　16 法定追認
17 条件　　18 停止条件と解除条件　　19 期限　　20 確定期限と不確定期限

— 9 —

21	ある時点から他の時点までの継続した時間のことを何というか。また，これを計算する際，民法では翌日から起算することになっているが，この原則を何というか。	
22	他人が本人のために意思表示をし，それによって本人が直接に権利・義務を取得する制度を何というか。	
23	代理行為の際,相手方に対して自分が代理人であることを事前に明らかにすることを何というか。また，それを代理の成立要件としている民法の考え方を何というか。	
24	代理には，法律の規定に基づいて行われる場合と，本人と代理人との間の代理権授与契約に基づいて行われる場合とがあるが，それぞれ何というか。	
25	代理権を与えた証として，本人から代理人へ渡される書面を何というか。また，その一部を記載せず，適宜記入する権利を代理人に与えた特殊なものを何というか。	
26	委任された事務を処理するにあたって求められる注意で，受任者の職業や立場にある人ならば，通常は心がけるであろう程度の注意を何というか。	
27	代理権がないのに行われた代理行為を何というか。また,そのうち，本人と自称代理人との間に特別な関係があり，相手方が信じてもやむを得ない場合を何というか。	
28	売買のように，契約の当事者双方が互いに相対する債務を負う契約と，贈与のように，当事者の一方だけが債務を負う契約をそれぞれ何というか。	
29	売買のように，経済的な対価関係にある利益が授受される契約と，贈与のように，一方だけが利益を受けて対価を支払わない契約をそれぞれ何というか。	
30	売買のように，意思表示の合致だけで成立する契約と，消費貸借（書面によるものを除く）のように，意思表示の合致に加え，物の引き渡しがないと成立しない契約をそれぞれ何というか。	
31	当事者の一方が財産権を相手方に移転することを約束し，相手方がその代金を支払うことを約束することによって，効力を生ずる契約を何というか。	
32	売買契約を締結する際，契約解除権を留保するために買い主から売り主へ支払われ，契約が履行されると代金の一部にあてられる金銭などを何というか。	
33	特約のない売買契約において，目的物の所有権が売り主から買い主へと移転する時期はいつか。	
34	一定の事項を公の帳簿に記載して公示する制度を何というか。また，そのうち，所有者がはじめて行うもの，すでにある権利を他人に移転するもの，順位を確保するものをそれぞれ何というか。	
35	動産と不動産とでは，所有権移転を第三者に対抗するための要件が異なっているが，それはそれぞれ何か。	

答
21 期間と初日不算入の原則
22 代理　　23 顕名と顕名主義
24 法定代理と任意代理　　25 委任状と白紙委任状
26 善良な管理者の注意　　27 無権代理と表見代理
[契約の類型]―┬28 双務契約と片務契約
　　　　　　　├29 有償契約と無償契約
　　　　　　　└30 諾成契約と要物契約

2　物の売買
31 売買　　32 手付　　33 契約の成立時
　　　　　　┌34 保存登記
34 登記───┤34 移転登記
　　　　　　└34 仮登記
35 引き渡しと登記

36	所有権の移転や地上権・抵当権などの設定については，権利関係を公示して取引の安全を図るため，登記や引き渡しが必要とされているが，この原則を何というか。	
37	権利がありそうな外形を信じて取引をした者を保護するために，その者に当該権利の取得を認めるという原則を何というか。	
38	動産の占有者を信用して買い，その引き渡しを受けた買い主は，そう信じたことに過失がなければその所有権を取得するが，このような制度を何というか。	
39	小切手や手形など，あらかじめ債権譲渡による流通が予定されているため，特定の人またはその指図人を債権者とする債権を証券化したものを何というか。	
40	売買契約などでは，相手方の履行があるまでは自分の債務の履行を拒むことができるが，当事者双方に認められているこのような権利を何というか。	
41	特定物の売買契約などで，一方の債務が当事者に責任のない原因で履行できなくなった場合，他方の債務が履行されなければならないのかという問題が発生するが，これを何というか。	
42	無償で財産権を相手に与えることを約束し，相手方がこれを承諾するという契約を何というか。	
43	金銭をはじめ，米や油，その他の物を借りて，それと同種・同等・同量の物を返すことを約束する契約（書面によるものを除く）を何というか。	
44	金銭の消費貸借における利息の率は，契約によって決められていない場合，その利息が生じた最初の時点における利率とされているが，この利率を何というか。	
45	金銭の消費貸借における約定利率には，違反すると行政処分の対象となる上限金利と刑罰が科される上限金利があるが，そのそれぞれを定めている法律は何か。	
46	金銭の消費貸借において，貸し主が借り主へ貸し付ける金銭のなかから，利息の前払いとしてあらかじめ一定額を控除することを何というか。	
47	目的物として不動産や動産を借り，賃料を支払ってこれを利用することを約束する双務・有償・諾成契約を何というか。	
48	借地人・借家人の立場は，民法の賃貸借の規定だけでは十分に保護されない。そこで，その強化を図るために特別法が制定されているが，その法律名は何か。	
49	借地人・借家人の立場が特別法によって強化された結果，土地や建物についての賃借権が物権同様の効力をもつ傾向が見られるが，これは何と呼ばれているか。	
50	借地権のうち，契約期間が満了したときにその更新が行われず，そこで契約が終了して権利が消滅するものを何というか。	
51	契約期間の終了によって借地権が消滅したとき，借地人が地主に対して借地上の建物を時価で買い取るよう請求する権利を何というか。	

答

36 物権変動における公示の原則

37 物権変動における公信の原則──38 動産の即時取得（善意取得）

39 指図証券

40 同時履行の抗弁権

41 危険負担

42 贈与

3　物の貸借

43 消費貸借

46 利息の天引　［利率の種類］──44 法定利率
　　　　　　　　　　　　　　　　[約定利率]──45 利息制限法と出資取締法

47 賃貸借　　48 借地借家法　　49 不動産賃借権の物権化

50 定期借地権　　51 建物買取請求権

52	建物の賃貸借契約が終了した場合に，借家人が，家主の同意を得て建物に加えた造作を時価で家主に買い取るよう請求できる権利を何というか。	
53	建物の賃貸借契約において，契約期間が満了したときにその更新が行われず，そこで契約が終了して権利が消滅する制度を何というか。	
54	土地・建物の賃貸借契約において，地代・家賃の滞納や借家の破損などの担保として，賃借人があらかじめ賃貸人に預ける金銭を何というか。	
55	土地・建物の賃貸借契約において，賃借権を与えることに対する対価として，契約時に賃貸人が賃借人から受け取る金銭を何というか。	
56	目的物として動産や不動産を借り，使用・収益した後，それ自体を返すことを約束する片務・無償・諾成契約を何というか。	
57	ある事実状態が一定期間続いた場合に，これを尊重して，法律上の権利関係として認める制度を何というか。	
58	時効のうち，一定の期間，権利を行使しないことに対し，権利が消滅する制度を何というか。	
59	時効のうち，一定の期間，事実上，権利を継続して行使する者に，その権利を取得させる制度を何というか。	
60	時効の成立には一定の事実状態の継続が必要であるが，それを妨げるような事情が発生し，時効の期間を再起算しなければならなくなることを何というか。	
61	時効期間の終わり近くに，時効を完成させるべきでないような事情が発生し，時効の完成が延期されることを何というか。	
62	時効によって権利を取得する者，または義務を免れる者が，裁判所で時効を主張することを何というか。	
63	所有者のない動産を占有することにより，占有者がその所有権を取得することを何というか。	
64	忘れ物や落とし物を警察に届け出た者は，警察による公告後3か月たっても所有者が現れなければ，その所有権を取得することになるが，これを何というか。	
65	地中に埋まっていた有価物を発見した者は，忘れ物や落とし物の場合と同じ経過をたどることにより，その所有権を取得することになるが，これを何というか。	
66	債務者が本来の債務を履行して，債権・債務の関係を消滅させることを何というか。	
67	債権者が弁済の目的物の受領を拒んでいるような場合に，債務者が弁済の目的物を法務局やその支局に寄託して債務を免れることを何というか。	
68	当事者の相互が，弁済期にある同種類の債権・債務を有している場合に，一方の意思表示によって双方の債権・債務を対当額で消滅させることを何というか。	
69	債務者が，債権者の承諾を得て，本来の債務の弁済に代えて他の物をもって弁済し，本来の債務を消滅させることを何というか。	

答
52 造作買取請求権　　53 定期建物賃貸借制度
54 敷金　　55 権利金　　56 使用貸借

4　契約によらない財産権の変動

```
                          60 時効の更新
57 時効 ─┬─ 58 消滅時効      61 時効の完成猶予
         └─ 59 取得時効      62 時効の援用

                                 ┌─ 63 無主物の帰属
[所有権取得の特別な場合] ────────┼─ 64 遺失物拾得
                                 └─ 65 埋蔵物発見

                                 ┌─ 66 弁済
                                 ├─ 67 供託
                                 ├─ 68 相殺
[債権・債務が消滅する場合] ──────┼─ 69 代物弁済
                                 ├─ (70 更改)
                                 ├─ (71 免除)
                                 └─ (72 混同)
```

70	当事者が，もとの債務とは要素の異なる新しい債務を成立させる契約をして，結果的にもとの債務を消滅させることを何というか。	
71	債権者が債務者に対して債権を放棄するという一方的な意思表示をして，結果的に債務が消滅することを何というか。	
72	債権者と債務者との間で相続がなされたような場合で，両者が同一人になることにより，結果的に債権・債務が消滅することを何というか。	
73	物権が侵害されたことによって生じた損害を「賠償してくれ」と請求する権利を何というか。	
74	物権が他人によって侵害されたとき，物権をもつ者は侵害者に対してその排除を請求することができるが，この権利を総称して何というか。	
75	自分のもっていた物が取られた場合に，「それを返せ」と請求できる権利を何というか。	
76	土地に対する物権の行使が実際に妨げられているとき，「その原因を取り除け」と請求できる権利を何というか。	
77	土地に対する物権の行使が妨げられそうなとき，「その危険を取り除け」と請求できる権利を何というか。	
78	権利を侵害する者やそのおそれがある者に対して，その侵害の停止や予防を請求する権利を何というか。	
79	取引が行われた場合に，債務者が債務を完全に履行しないため，債権者の利益が害されることがあるが，このようなことを総称して何というか。	
80	履行しようと思えばできたのに，履行期がきても債務者が債務を履行しなかった場合を何というか。また，その際に債権者が請求できる損害の賠償を何というか。	
81	債務者の故意または過失により，債務の履行ができなくなってしまった場合を何というか。また，その際に債権者が請求できる損害の賠償を何というか。	
82	履行はなされたが，その実際の内容が，債務者の故意または過失により，債務の本来の内容にそぐわない場合を何というか。	
83	契約が解除になったときは，契約前の状態に戻さなければならないという，当事者双方に課された義務を何というか。	
84	履行期がきても債務者が債務を履行しないため，債権者が裁判所に訴えて判決を得て，それに基づく強制執行によって履行の実現を図ることを何というか。	
85	債権の内容が物の引き渡しや金銭の支払いなどである場合に，債務者の意思にかかわらず，裁判所の手によって直接にそれを実現することを何というか。	
86	債権の内容が物の運搬や妨害物の除去など，債務者でなくてもできる行為である場合に，それを第三者に行わせて，債務者に費用を負担させることを何というか。	
87	債務の内容が債務者以外には履行できないものである場合に，債務者に心理的な圧迫を加えることにより，間接的にその履行を強制することを何というか。	

答

70 更改　71 免除　72 混同

5　財産権の保護

73 不法行為による損害賠償請求権

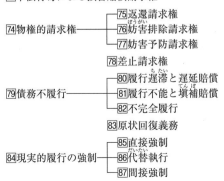

74 物権的請求権 ─┬─ 75 返還請求権
　　　　　　　　　├─ 76 妨害排除請求権
　　　　　　　　　└─ 77 妨害予防請求権

78 差止請求権

79 債務不履行 ─┬─ 80 履行遅滞と遅延賠償
　　　　　　　　├─ 81 履行不能と塡補賠償
　　　　　　　　└─ 82 不完全履行

83 原状回復義務

84 現実的履行の強制 ─┬─ 85 直接強制
　　　　　　　　　　　├─ 86 代替執行
　　　　　　　　　　　└─ 87 間接強制

88	債権は債務者に対する請求権である。しかし，一定の要件のもとで，債務者以外の第三者に対しても権利を主張できるが，そのような効力を総称して何というか。	
89	債権者は，自分の債権を確保するために，債務者がもっている第三者への権利を債務者に代わって行使することができるが，その権利を何というか。	
90	債権者は，自分の債権の弁済を確保するために，債務者による財産減少の法律行為を裁判所に訴えて取り消すことができるが，その権利を何というか。	
91	債務者が債権者を害することを知りながら行った法律行為を何というか。	
92	一人の債務者に対して複数の債権者がいる場合，各債権者は，原則として債務者の総財産から債権の額に比例して弁済を受けられるが，その原則を何というか。	
93	法律によって当然に認められる担保物権と，当事者間の契約によって生ずる担保物権をそれぞれ総称して何というか。	
94	他人の物を占有している者が，その物に関して生じた債権の弁済を受けるまで，その物を自分のところに置き止めることができる権利を何というか。	
95	特定の債権者が社会的な公平などの観点から特に保護され，債務者の全財産あるいは特定の財産から優先して弁済が受けられる権利を何というか。	
96	原則として，法律上譲渡できるものならば何にでも設定でき，目的物を債務者から債権者に引き渡すことによって設定契約が成立する担保物権は何か。	
97	他人の債務を担保するために，自己の所有物の上に質権や抵当権を設定した者を何というか。	
98	質権を設定する際の契約で，もしも債務者が弁済期に弁済しないときは，質物の所有権を債権者に移転するという契約を何というか。	
99	原則として不動産にしか設定できないが，目的物を債務者が占有したままで設定契約が成立し，しかも，同一物の上に複数の設定をできる担保物権は何か。	
100	債権の総額が未確定のうちに，あらかじめ一定の限度額を決めて抵当権を設定しておき，その範囲内で将来発生する債権を担保する制度を何というか。	
101	債権者が，債務者の担保物の所有権を自分に移転し，一定期間に債権が弁済されれば，その所有権を元に戻すという方法で行われる担保の制度を何というか。	
102	割賦販売などにおいて，買い主が代金の全額を支払うまで，その商品の所有権を売り主側に留保することにより，代金債権を担保する方法を何というか。	
103	主たる債務者が債務を履行しない場合に，債務者に代わって第三者が債務を履行する義務を負うことを何というか。	
104	保証人が，債権者によって最初から債務の履行を求められた場合に，「まず，主たる債務者に催告せよ」と請求できる権利を何というか。	
105	保証人が，債権者から強制執行を求められた場合に，債務者の財産の存在を証明して，「それを先に強制執行せよ」と請求できる権利を何というか。	

答

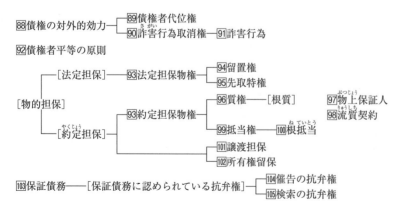

88債権の対外的効力─────89債権者代位権
　　　　　　　　　　　└90詐害行為取消権─91詐害行為
92債権者平等の原則

　　　　　　　┌［法定担保］───93法定担保物権─┬94留置権
　　　　　　　│　　　　　　　　　　　　　　　　└95先取特権
［物的担保］─┤　　　　　　　　　　　　　　　　┌96質権──［根質］　　97物上保証人
　　　　　　　│　　　　　　　93約定担保物権─┤　　　　　　　　　　 98流質契約
　　　　　　　└［約定担保］─┤　　　　　　　　└99抵当権─100根抵当
　　　　　　　　　　　　　　　├101譲渡担保
　　　　　　　　　　　　　　　└102所有権留保

　　　103保証債務──［保証債務に認められている抗弁権］─┬104催告の抗弁権
　　　　　　　　　　　　　　　　　　　　　　　　　　　　└105検索の抗弁権

106	保証人が，主たる債務者に代わって債務を履行した場合に，主たる債務者に対して，自分が債権者に弁済した額の返還を請求できる権利を何というか。
107	保証人が，主たる債務者と連帯して（同じ立場で）債務の履行を保証することを何というか。
108	債権を確保するために，複数の債務者が，それぞれ債務全体について履行の責任を負わされる法律関係を何というか。
109	自分の行為が他人に損害を及ぼすことを知りながら，わざとそれを行うことと，職務上または社会上要求される注意義務を怠ったことをそれぞれ何というか。
110	故意または過失によって他人の権利や利益を侵害し，損害を生じさせる行為を何というか。
111	他人の権利に対する侵害行為があっても，それが故意または過失によらない場合には，損害を賠償する責任はないとする原則を何というか。
112	公害・大気汚染・水質汚濁・騒音・消費者被害など，特別の場合には，故意または過失がなくても損害賠償の責任を負わせようとする考え方を何というか。
113	賠償金の支払いは，財産上の損害だけでなく，生命・身体や自由・名誉などを侵害されたことによる精神的な損害に対しても認められるが，これを何というか。
114	加害者に損害賠償の責任を負わせるためには，不法行為の成立要件が存在していることを被害者が立証しなければならないが，この責務を何というか。
115	利益の帰するところに損害も帰属させるのが公平だという考え方に基づき，加害者に負わされる責任を何というか。
116	危険な活動を行う者はそこから生ずる損害について賠償責任を負うのが当然だという考え方に基づき，その活動の主体に負わされる責任を何というか。
117	製品の欠陥によって消費者に損害が生じた場合に，消費者保護・被害者救済の観点から，その製造業者などの責任を追及する考え方を何というか。
118	子供や，精神の統合失調の常況にある者が，他人に損害を与えた場合，その責任は原則として親権者や神経科の病院長などに負わされるが，これを何というか。
119	企業などの従業員が，その事業の執行と認められる行為に関して，他人に損害を与えた場合，その責任は原則として企業などに負わされるが，これを何というか。
120	建物や塀，看板などについて，その設置や保存に瑕疵があって他人に損害を与えた場合，その責任は占有者または所有者に負わされるが，これを何というか。
121	ペットや家畜として飼われている犬や猫，牛などが他人に損害を与えた場合，その責任は動物の占有者または管理者に負わされるが，これを何というか。
122	数人の者が，一緒に他人に損害を与えた場合，その責任は，直接に加害行為をしなかった者も含めて，全員に連帯して負わされるが，これを何というか。
123	例えば株式会社の代表取締役が，会社の目的の範囲内と認められる行為によって他人の権利を侵害した場合，その責任は会社に負わされるが，これを何というか。

答

106 保証人の求償権

[人的担保]——(103 保証債務)
　　　　　　├ 107 連帯保証債務
　　　　　　└ 108 連帯債務

109 故意と過失　　110 不法行為

111 過失責任の原則（過失責任主義）

112 無過失責任（無過失責任主義）　113 慰謝料

114 挙証責任　　115 報償責任

116 危険責任　　117 製造物責任

[特殊な不法行為]
　├ 118 責任無能力者の監督義務者の責任
　├ 119 使用者責任
　├ 120 土地工作物責任
　├ 121 動物占有者の責任
　├ 122 共同不法行為責任
　├ 123 法人の不法行為責任
　├ (124 国家・地方公共団体の賠償責任（国家賠償責任）)
　└ (125 自動車を運行する者の責任)

124	公務員が職務を行ううえで，故意または過失により，違法に他人に損害を与えた場合，その責任は国家または地方公共団体に負わされるが，これを何というか。	
125	自動車を運転していて人身事故を起こした場合，その責任は単なる運転者ではなく，その自動車の運行供用者に負わされるが，これを何というか。	
126	原則として金銭によってなされる不法行為の損害賠償は，被害者にも過失があれば減額されるが，これを何というか。	
127	例えば，相手の錯誤によって釣銭を多く受け取った場合など，法律上の権利がないのに，他人の損失によって利益を受けることを何というか。	
128	例えば，賭博に負けて賭け金を支払った場合など，不法な原因によって給付をすることを何というか。	

Ⅲ　取引に関する法 ─ その２．手形・小切手と金融取引

1	有価証券には，必要的記載事項が記載されなければ無効とされるものと，証券の記載によって権利の内容が決められるものがあるが，そのそれぞれを何というか。	
2	手形・小切手の振り出しや裏書，手形保証や為替手形の引き受けなど，一定の手形・小切手上の法律関係を生じさせる行為を何というか。	
3	手形や小切手に署名した者は，その前に行われた手形行為・小切手行為が無効であったり，取り消されたりしても，その影響は受けないとする原則を何というか。	
4	他人の名前を勝手に使って手形行為・小切手行為をすることと，手形・小切手の内容を勝手に変更することを，それぞれ何というか。	
5	手形文句・小切手文句，手形金額・小切手金額，振出人の署名など，その記載を欠けば原則として手形・小切手の効力を認められないものを何というか。	
6	第三者方払文句のように，その事項を記載しなくても手形・小切手が無効になることはないが，記載すればそれに応じた効力が認められるものを何というか。	
7	手形や小切手は，支払約束に条件をつけたり，分割払いの記載をしたりすると，それ自体が無効になってしまうが，このような事項を何というか。	
8	満期には，支払いを求めて手形が呈示されたときに支払われるべきもの，支払いを求めて手形が呈示された日から一定の期間経過後に支払われるべきもの，振り出しの日付から一定期間経過後に支払われるべきもの，特定の日に支払われるべきものの四種類があるが，そのそれぞれを何というか。	
9	あえて必要的記載事項の一部を欠いて振り出し，欠けた事項を補充する権利を受取人に与えている手形を何というか。	
10	裏書の方式には，被裏書人を記載する方式とそれをしない方式があるが，そのそれぞれを何というか。	

答

124 国家・地方公共団体の賠償責任(国家賠償責任)　　125 自動車を運行する者の責任
126 過失相殺　　127 不当利得　　128 不法原因給付

Ⅲ　取引に関する法 ─ その２．手形・小切手と金融取引

1　手形・小切手と法
　1 要式証券と文言証券　　2 手形行為・小切手行為
　3 手形行為・小切手行為独立の原則　　4 手形・小切手の偽造と変造
　［手形・小切手の記載事項］─ 5 必要的記載事項
　　　　　　　　　　　　　 6 有益的記載事項
　　　　　　　　　　　　　 7 有害的記載事項
　［満期の種類］─ 8 一覧払い
　　　　　　　　 8 一覧後定期払い
　　　　　　　　 8 日付後定期払い
　　　　　　　　 8 確定日払い
　9 白地手形　　10 記名式裏書と白地式裏書

11	振出人や裏書人に対して手形金額の支払いを請求する権利など，手形上の権利は一切，裏書によって裏書人から被裏書人に移転するという効力を何というか。	
12	裏書により，裏書人は，その被裏書人やその後の手形所持人に対して，手形金額の支払いを担保する義務が生じるという効力を何というか。	
13	手形上に被裏書人として記載された者は，その裏書により手形上の権利を取得したものと推定されるという効力を何というか。	
14	手形金の支払いを請求される者がその支払いを拒絶するために主張することができる事由を何というか。また，それには特定の者に対してだけ主張できるものと，すべての手形所持人に対して主張できるものがあるが，そのそれぞれを何というか。	
15	振出人などの手形上の債務者が特定の所持人に対して主張できる支払請求拒絶の抗弁を主張できなくする効力を何というか。	
16	手取金を取り立てるための代理権を被裏書人に与えるため，「取り立てのため」などと記載してなされる裏書を何というか。	
17	手形所持人には，振出人に約束手形の支払いを拒絶された場合，裏書人やその保証人に対して担保責任を追及する権利があるが，それを何というか。	
18	所持人による，支払呈示期間内における支払いのための呈示に対して，振出人が支払いを拒絶したという事実を証明する書面を何というか。	
19	手形上の権利が時効などによって消滅した場合に，それにより手形債務者が受けた利益を限度として，手形所持人がその償還を請求できる権利を何というか。	
20	小切手を盗まれたり，だまし取られたりした場合に，振出人が振り出した小切手の支払委託を撤回することを何というか。	
21	実際に振り出された日よりも将来の日を振出日として記載された小切手と，その日よりも過去の日を振出日として記載された小切手をそれぞれ何というか。	
22	小切手の盗難や紛失に備えて，不正の所持人が支払いを受けることを防止する制度があるが，これを何というか。また，それには，小切手の表面の左上部に2本の平行線を引いたり，さらにその間に「Bank」などと記載したりしただけのものと，その間に特定の銀行名を記載したものがあるが，そのそれぞれを何というか。	
23	異なる通貨を一定の比率で交換し，送金する金融取引を何というか。	
24	指定した商品を将来のある時点で一定の価格で買う，または売るという約束を行う金融取引を何というか。	
25	株式・債券・為替といった既存の金融商品から派生してできた多様な金融取引を総称して何というか。	
26	証拠金(保証金)を業者に預託し，差金決済によって通貨の売買を行う取引を何というか。	

答

[裏書の効力]─┬11裏書の権利移転的効力
　　　　　　├12裏書の担保的効力
　　　　　　└13裏書の資格授与的効力

14手形の抗弁─┬14人的抗弁
　　　　　　└14物的抗弁

15人的抗弁の切断

16取立委任裏書　　17遡及権(償還請求権)
18支払拒絶証書　　19利得償還請求権
20支払委任の取り消し
21先日付小切手と後日付小切手

22線引小切手─┬22一般線引小切手
　　　　　　└22特定線引小切手

2　金融取引
23外国為替取引　　24商品先物取引
25デリバティブ　　26外国為替証拠金取引

27	利益を期待して投資した資金の一部が戻ってこず，損失を被る危険性を何というか。	
28	幅広い金融商品を対象に，投資家を保護するためのルールの徹底と利便性の向上，および金融市場の透明化と国際化を促す目的で制定された法律は何か。	
29	過去に銀行は土地を担保にとって多額の融資をしていたが，その前提となっていた「土地は必ず値上がりする」という思い込みは何と呼ばれているか。	
30	わが国において1996年から2001年にかけて行われた大規模な金融制度改革は何と呼ばれているか。	
31	流動性の高い有価証券の販売・勧誘や顧客資産の管理などを行う者と，それが低い有価証券について同様な業務を行う者を，それぞれ何というか。	
32	いわゆるアマチュアの投資家とプロの投資家はそれぞれ何と呼ばれているか。	
33	適時かつ迅速な情報開示のため，事業年度を3か月ごとに区分し，各期間ごとに提出する義務が課せられている報告書を何というか。	
34	株式などの大量保有の状況を投資家に迅速に開示するための制度を何というか。	
35	売買が盛んなように見せかけるため，架空の注文を出し，約定が成立しそうになると注文を取り消す行為を何というか。	
36	企業に関する重要な事実を知り得る立場の者が，その事実の公表に先立って行う取引で，金融商品取引法により規制されているものを何というか。	
37	株式・預貯金・保険など幅広い金融商品の販売業者に，リスクについて説明する義務を課し，違反した場合には購入者が損害賠償の請求ができるとした法律は何か。	
38	受取手形などの売掛債権を電子化した電子記録債権について規定した法律は何か。また，その電子記録債権を管理するために設立される特別な機関を何というか。	
39	前払い式の電子資金移動の方式には，価値の情報がICチップに蓄積されるものとサーバに蓄積されるものがあるが，そのそれぞれを何というか。	
40	電子マネーに関する制度改正と送金(為替業務)に対する規制緩和を規定した法律は何か。	
41	犯罪や不正取引によって得た資金を，転々と送金を繰り返すことにより出所をわからないようにして，正当な資金であるかのように見せかけることを何というか。	

Ⅳ 会社に関する法

1	私企業のうち，会社法に基づいて設立された企業を何というか。また，それには二つの類型があるが，そのそれぞれを何というか。	

答
27元本割れリスク 28金融商品取引法 29土地神話
30金融ビッグバン ─┬31第一種金融商品取引業者
 ├31第二種金融商品取引業者
[金融商品取引業者の種類]─┼[投資運用業者]
 └[投資助言・代理業者]
32一般投資家と特定投資家 33四半期報告書 34大量保有報告制度
35見せ玉 36インサイダー取引 37金融サービス提供法
38電子記録債権法と電子債権記録機関 ─┬39IC型電子マネー
[前払い式の電子資金移動の方式]───┴39サーバ型電子マネー
40資金決済法 41マネーローンダリング(資金洗浄)

Ⅳ 会社に関する法

1 企業活動の主体　2 営業活動の自由と制限　3 株式会社と法
1会社─┬1株式会社
 └1持分会社

2	持分会社のうち，1人以上の出資者で構成され，社員は全員，無限責任を負う会社を何というか。	
3	持分会社のうち，2人以上の出資者で構成され，社員は経営にあたる無限責任社員と出資のみを行う有限責任社員に分かれる会社を何というか。	
4	持分会社のうち，1人以上の出資者で構成され，各社員は有限責任を負い，利益の分配など会社内部の取り決めを自由に行える会社を何というか。	
5	株式会社の社員（出資者）である株主は，会社に対して，引き受けて払い込んだ株式の金額以上の責任は負わないという原則を何というか。	
6	株式引受後，発起人は株式引受人に対して引受価額の全額を給付するよう要求できるが，この会社法上の制度を何というか。	
7	会社設立のために事務手続きを進める人を何というか。	
8	一定の資格をもち，法務大臣に任命されて，社会生活に関して生ずるいろいろな事項を公に証明する人を何というか。	
9	定款の記載事項のうち，会社の目的，商号，本店の所在地，発行可能株式総数など，その一つを欠いても定款が無効になるものを何というか。	
10	定款の記載事項のうち，単元株の定め，種類株式の発行，株式の譲渡制限，会社の機関設計など，記載された場合に限ってその効力が生ずるものを何というか。	
11	定款の記載事項のうち，強行法規などに違反しない限り，自由に記載できるものを何というか。	
12	必要な事項を定款に記載することにより，その会社にあった一定の制度を利用することが認められるという考え方を何というか。	
13	株式会社が将来にわたって発行することができる株式の総数を何というか。	
14	株式会社の設立方法には，設立時に発行する株式の全部を発起人が引き受けるものと，設立時に発行する株式の一部だけを発起人が引き受け，残りについては一般からの公募や縁故募集を行って株主を募集するものがあるが，そのそれぞれを何というか。	
15	会社の設立手続きや業務・財産の状況などを調査させるために選任される臨時の機関を何というか。	
16	株式会社を設立するための最後の手続きで，会社が法人として成立するための最終要件は何か。	
17	株主の権利は，会社の運営に参加することを内容とするものと，会社から経済的な利益を受けることを内容とするものに分けられるが，そのそれぞれを総称して何というか。	

答

[持分会社]─┬②合名会社
　　　　　　├③合資会社
　　　　　　└④合同会社（LLC）

⑤株主有限責任の原則
⑥株金全額払込制
⑦発起人　⑧公証人

[定款の記載事項]─┬⑨絶対的記載事項
　　　　　　　　　├⑩相対的記載事項
　　　　　　　　　└⑪任意的記載事項

⑫定款自治
⑬発行可能株式総数

[株式会社の設立方法]─┬⑭発起設立
　　　　　　　　　　　└⑭募集設立

⑮検査役　⑯設立登記

[株主の権利]─┬⑰共益権
　　　　　　　└⑰自益権

18	共益権は，各株主がその持ち株数にかかわりなく行使できるものと，一定数の株式を持っている株主だけが行使できるものに分けられるが，そのそれぞれを総称して何というか。
19	会社は，株主をその有する株式の内容および株数に応じて平等に扱われなければならないという原則を何というか。
20	定款で1,000株以下の一定数の株式を取りまとめることを定めて，それを売買の単位としたり，議決権付与の単位としたりする制度を何というか。
21	株式のなかには，剰余金の配当などが普通株式に優先して受けられるものや，普通株式より遅れてなされるものがあるが，そのそれぞれを何というか。
22	議決権のない株式，または決議事項の一部に限って議決権が行使できる株式を何というか。
23	株式会社は，株式を譲渡するには会社の承認が必要であると定款に定めることができるが，この制度を株式の何というか。
24	定款上，最低一種類の株式については譲渡制限をつけていない会社を何というか。また，すべての種類の株式について譲渡制限をつけている会社を何というか。
25	会社が取得し，保有している自社株式を何というか。
26	A・B二つの会社の間で，A社がB社の議決権の過半数を所有していたり，その経営を支配していたりしている場合に，A・B各社の立場をそれぞれ何というか。
27	証券取引所で株式が売買されている会社を何というか。また，資本金の額が5億円以上または負債の額が200億円以上の会社を特に何というか。
28	会社の所有者ともいうべき株主が自ら経営にあたらず，これを選ばれた機関に委ねる現象を何というか。
29	株主によって構成され，会社の意思決定を行う必置の機関を何というか。また，それには，毎事業年度終了後，3か月以内の一定の時期に招集されるものと，会社の合併を行う際などに，その承認を得るために開催されるものがあるが，そのそれぞれを何というか。
30	株主総会での決議には，決算の承認，取締役・監査役等の選任などの事項に適用され，原則として出席株主の議決権の過半数で可決されるものと，定款の変更，取締役・監査役等の解任など，比較的重要度の高い事項に適用され，原則として出席株主の議決権の3分の2以上で可決されるもの，そして，それよりもさらに重い要件が定められているものの三種類があるが，そのそれぞれを何というか。
31	株式会社の機関のうち，取締役全員で構成され，会社の業務執行に関する意思を決定し，取締役による職務の執行を監督するものを何というか。

答

[株主の権利]──(17共益権)──18単独株主権
　　　　　　　　　　　　　　　　──18少数株主権
　　　　　　　　(17自益権)

19株主平等の原則　　20単元株制度

[さまざまな種類株式]──21優先株
　　　　　　　　　　　　──21劣後株(後配株)
　　　　　　　　　　　　──22議決権制限株式

23譲渡制限制度　　24公開会社と非公開会社
25金庫株　　26親会社と子会社
27上場会社と(会社法上の)大会社
28企業の所有と経営の分離(資本と経営の分離)

29株主総会──29定時株主総会
　　　　　　──29臨時株主総会

[株主総会での決議]──30普通決議
　　　　　　　　　　──30特別決議
　　　　　　　　　　──30特殊の決議

31取締役会

32	取締役会で代表取締役に選任されていないため，会社を代表する権限がないにもかかわらず，それがありそうな肩書きを有する取締役を何というか。	
33	会社の営業と競争するような取引を何というか。また，取締役は，そのような取引を自由に行うことは禁止されているが，その決まりを何というか。	
34	取締役は，会社と利害が対立する取引を自由に行うことは禁止されているが，そのような取引を何というか。	
35	企業の不正行為の防止と競争力・収益力の向上を総合的にとらえ，長期的な企業価値の増大を目指す企業経営のしくみを何というか。	
36	会社が不正な会計処理を行って内容虚偽の財務諸表を作成し，収支を偽装した虚偽の決算報告を行うことを何というか。	
37	株式会社では，取締役の職務の執行が法令や定款に適合するよう，さまざまな体制がとられているが，そのようなものを総称して何というか。	
38	会社に対する取締役の責任について，会社自身がその追及を怠ったときは，会社に代わって株主が会社法に基づき訴えを起こすことができるが，この訴えを何というか。	
39	取締役（執行役）と共同して，各種計算書類等の作成にあたる会社の役員を何というか。	
40	会計監査をし，その監査について，法務省令で定める内容の会計監査報告を作成する者（公認会計士または監査法人がその任に就く）を何というか。	
41	取締役会のうちに指名委員会，監査委員会，および報酬委員会を置く株式会社を何というか。	
42	株主総会に提出する取締役等の選任・解任に関する議案の内容を決定する委員会を何というか。	
43	執行役等の職務の執行の監査および監査報告の作成，および株主総会に提出する会計監査人の選任・解任などに関する議案の内容を決定する委員会を何というか。	
44	取締役や執行役等の個人別の報酬等の内容を決定する委員会を何というか。	
45	指名委員会等設置会社において，取締役会で選任され，業務執行にあたる者とその代表者をそれぞれ何というか。	
46	コーポレート・ガバナンスの透明性や公的な社会性の向上を期待して，新たに制定された，取締役が取締役をチェックするしくみを持つ株式会社を何というか。	
47	資金調達の方法は，金融機関からの借入によるものと株式や社債の発行によるものに分けられるが，そのそれぞれを何というか。	
48	株式会社に対してあらかじめ定められた行使価額を払い込むことにより，その会社の株式の交付を受けることができるが，この権利を何というか。	
49	権利義務を包括的に受け継がせることを何というか。	

答

32 表見代表取締役

33 競業取引と競業避止義務

34 利益相反取引（りえきそうはんとりひき）

35 コーポレート・ガバナンス（企業統治）

36 粉飾決算

37 内部統制システム

38 株主の代表訴訟

39 会計参与　　40 会計監査人

41 指名委員会等設置会社

　　［三つの委員会］─┬42 指名委員会
　　　　　　　　　　　├43 監査委員会
　　　　　　　　　　　└44 報酬委員会

45 執行役と代表執行役

46 監査等委員会設置会社

　　［資金調達の方法］─┬47 間接金融
　　　　　　　　　　　　└47 直接金融

48 新株予約権　　49 承継（しょうけい）

50	A会社とB会社が契約によって一つの会社になることを何というか。また，それには，A会社とB会社がともに消滅し，新しくC会社が設立される場合と，A会社がB会社のすべての権利義務を承継して存続し，B会社が消滅する場合があるが，そのそれぞれを何というか。	
51	株主総会における合併に向けた特別決議に反対の株主が，会社に対して自分の所有する株式を公正な価格で買い取ることを請求する権利を何というか。	
52	A会社が自社の一部の事業を切り離すことを何というか。また，それには，切り離した事業を新設のC会社に承継させるものと，同様な事業を展開するB会社に承継させるものがあるが，そのそれぞれを何というか。	
53	A会社とB会社の間で，A会社がB会社の発行済株式総数の全部を所有している場合に，A会社とB会社のそれぞれの立場を何というか。	
54	A会社とB会社を完全親子会社にするための制度には，B会社を完全子会社とし，既存のA会社をその完全親会社とするための制度と，B会社を完全子会社とし，新設のA会社をその完全親会社とするための制度があるが，そのそれぞれを何というか。	

V　企業の責任と法

1	企業は，その業務活動において単なる法令の遵守にとどまらず，社会的責任も負うべきだとされているが，このような新しい法令遵守の考え方を何というか。	
2	従業員が企業の不正行為を知った場合に，その事実を通報（内部告発）できるようにして，企業の不正行為を発見しようとする制度を何というか。また，その裏づけとして，企業による通報者の解雇を禁止するなど，通報者の保護を目的としている法律は何か。	
3	企業が業務活動において不祥事を引き起こした場合，企業にはその原因や事件の経緯，事実関係などについて情報を公表し，しっかりと説明すべきであるとされているが，そのような責任を何というか。	
4	「消費者の権利の尊重」と「消費者の自立支援」を基本理念とし，消費者政策の基本となる事項を定めた法律は何か。	
5	事業者が消費者に対して契約の締結を勧誘する際に，一定の不適切な事実があった場合，消費者による契約の取り消しを認めている法律は何か。	
6	製造物の欠陥により損害が生じた場合，その製造業者などには，無過失であっても損害賠償の責任が負わされるが，それを定めた法律は何か。	

答

50合併─┬─50新設合併
　　　　└─50吸収合併

51反対株主の株式買取請求権

52分割─┬─52新設分割
　　　　└─52吸収分割

53完全親会社と完全子会社

54株式交換制度と株式移転制度

V　企業の責任と法

1　法令遵守
1コンプライアンス　　2公益通報制度と公益通報者保護法
3アカウンタビリティ（説明責任）

2　消費者と法…かしこい消費者であるために
4消費者基本法　　5消費者契約法　　6製造物責任法（PL法）

7	クレジット取引等を対象に，消費者保護や取引の公正と健全な発達を図り，商品の流通を円滑にするため，契約のしかたなど多様な規定を設けている法律は何か。	
8	金融機関が分割払いの条件で購入代金相当額を買い主に貸し付け，その保証を販売業者が行う形でなされる販売を何というか。	
9	消費者が商品を購入した場合に，信販会社がその代金を立替払いし，その後，消費者が信販会社に分割で立替代金の返済をする制度を何というか。なお，その制度には，信販会社がクレジットカードをあらかじめ消費者に交付しておき，それをクレジット加盟店で自由に利用させるものと，クレジットカードを用いず，個々の物品の販売ごとに行われるものがあるが，そのそれぞれを何というか。	
10	売買契約において，商品の品質不良などの契約不履行がある場合に，買い主が民法の規定に基づき，契約の当事者である売り主に対して代金の支払いを拒むことを何というか。	
11	通常ならば，買い主は契約の当事者である売り主に対してしか支払拒絶を主張できないが，信販会社に対してもそれができるようにすることを何というか。	
12	消費者トラブルが生じやすい特定の取引類型を対象に，トラブル防止のルールを定め，事業者による不公正な勧誘行為などを取り締まることにより，消費者取引の公正を確保しようとしている法律は何か。	
13	契約上の重要事項について消費者の判断をゆがめるような説明をすること，または真実でないことを告げることを何というか。また，脅すなど人を不安にさせる行為を何というか。	
14	商品を買って販売組織に参加した会員が，同じように友人や知人を新たな会員として組織に加入させ，彼らがさらに新しい会員を加入させて組織を拡大していく商法を何というか。	
15	個別信用購入あっせんや訪問販売などにおいて，消費者に認められる無条件契約解除の制度を何というか。	
16	消費者に供与された信用を何というか。また，それには，消費者個人の信用を担保にして商品やサービスの支払いを繰り延べるものと，同様にして金銭を借り入れるものがあるが，そのそれぞれを何というか。	
17	他人に依頼されて，自己の名義を債務者名義として使用することを認めることを何というか。	

答

7 割賦販売法（かっぷ はんばいほう）

8 ローン提携販売

9 信用購入あっせん ── 9 包括信用購入あっせん
　　　　　　　　　 └─ 9 個別信用購入あっせん

10 同時履行の抗弁

11 抗弁の接続（こうべん）

12 特定商取引に関する法律（特定商取引法）

13 不実を告げる行為（不実告知）と威迫行為（ふじつ・ふじつこくち・いはく）

14 連鎖販売取引（マルチ商法）

15 クーリング・オフ制度

16 消費者信用 ── 16 販売信用（クレジット）
　　　　　　　└─ 16 消費者金融（ローン）

17 名義貸し

18	複数のカード会社や貸金業者，金融機関などに債務があり，返済が困難になっている状態を何というか。	
19	多額の債務を負って返済不能になった者が，自ら裁判所に申し立てを行って破産宣告を受けることにより，債務の整理を行う方法を何というか。	
20	注文した覚えのない商品を消費者のところへ一方的に送りつけ，断らなければ買ったとみなし，後日代金の支払いを請求する商法を何というか。	
21	路上で商品勧誘とは無関係な言葉で通行人に近づき，その後の会話のなかで言葉巧みに商品などを買わせようとする商法を何というか。	
22	電話などで調子のいいことを言って消費者を呼び出し，商品やサービスを購入させようとする商法を何というか。	
23	当事者の一方が相手方の指図に従って働くことを約束し，相手方がそれに対して賃金を支払うことを約束する契約を何というか。	
24	雇用契約締結の際，被用者が使用者に損害をかけた場合に備えて，その損害を埋める義務を負う第三者をあらかじめ決めておく制度を何というか。	
25	建築工事の契約などのように，当事者の一方が一定の仕事を完成させることを約束し，相手方がそれに対して報酬を支払うことを約束する契約を何というか。	
26	当事者の一方が，相手方に法律行為やその他の事務をすることを依頼し，相手方がそれを引き受けるという契約を何というか。	
27	例えば意識不明の急病人を病院へ搬送するなど，特に頼まれたり，契約があったりするわけでもないのに，他人のためになる仕事をすることを何というか。	
28	労働関係を中心とするさまざまな問題に関する法的規範（法律群）を総称して何というか。また，それを代表する三つの法律を総称して何というか。	
29	労働三法には，「賃金，就業時間，休息その他の勤労条件に関する基準は，法律でこれを定める」という憲法第27条第2項の規定を受けて制定された法律，労働組合の結成の保証，使用者との団体交渉やストライキなど労働争議に対する刑事上・民事上の免責事項などを定めた法律，労働関係の公正な調整により，労働争議の予防や解決を図ろうとする法律があるが，そのそれぞれを何というか。	
30	雇用にあたり労働者と使用者の間で締結される労働契約の基本的事項を定めた法律は何か。	
31	労働者が就業するうえで守らなければならない規律や労働時間，賃金その他労働条件に関する具体的細目などを定めた規則類を何というか。	
32	使用者と労働組合との間で締結される労働条件その他に関する約束を何というか。	
33	労働者と使用者との間で労働条件などに関して発生するトラブルを何というか。また，それがこじれて起こる具体的な紛争や紛争行為を何というか。	

答

18 多重債務　　19 自己破産

［さまざまな悪徳商法］―┬―20 ネガティブオプション（送りつけ商法）
　　　　　　　　　　　　├―21 キャッチセールス
　　　　　　　　　　　　├―22 アポイントメント・セールス
　　　　　　　　　　　　└―［かたり商法・資格商法（さむらい商法）・
　　　　　　　　　　　　　　催眠商法（SF商法）・現物まがい商法・
　　　　　　　　　　　　　　マルチまがい商法・内職商法（業務提供誘引販売）など］

3　労働と法

23 雇用　　24 身元保証
25 請負　　26 委任　　27 事務管理
28 労働法と労働三法
　　　　　　　　　　　┌―29 労働基準法（労基法）
（28 労働三法）―――――┼―29 労働組合法（労組法）
　　　　　　　　　　　└―29 労働関係調整法
30 労働契約法　　31 就業規則
32 労働協約　　33 労使紛争と労働争議

34	憲法第28条で労働者に保障されている三つの権利を何というか。なお，それには，労働者が賃金や労働時間，その他の労働条件を維持・改善するために団結する権利，労働者の団体が使用者側と労働条件の維持・改善のために団結して交渉する権利，労働者が労働条件の維持・改善などを求めて団結して争議行為を行う権利があるが，そのそれぞれを何というか。	
35	勤労者の計画的な財産形成を促進することでその生活の安定を図り，それによって国民経済の健全な発展に寄与することを目的とした法律は何か。	
36	雇用の分野における男女の均等な機会および待遇の確保を図るとともに，女性労働者の就業に関して必要な措置を推進することを目的とした法律は何か。	
37	育児や家族の介護を行う労働者を支援する目的で，育児休業，介護休業，ならびに子の看護休暇について定めた法律は何か。	
38	短時間労働者について，通常の労働者との均衡の取れた待遇の確保等を図ることを通じ，その能力を有効に発揮できるようにしようとする法律は何か。	
39	派遣労働者の権利を守り，常用代替，すなわち正社員の代わりとして働かされることを防止するため，労働者派遣の活用を制限している法律は何か。	
40	病気・負傷・出産・老齢・失業・死亡といった保険事故に対して，一定の給付を行い，被保険者とその家族の生活の安定を図る目的で制定された強制加入の保険制度を何というか。また，それに含まれる5種類の保険をあげよ。	
41	労働者が失業した場合に，再就職までの一定の期間，生活を安定させるための給付や，再就職に向けた教育訓練のための給付などを行う保険制度を何というか。	
42	公証人により厳格な手続きに従って作成され，真正に成立した公文書と推定される書面を何というか。また，それに対して，ただ単に私人が作成した文書を何というか。	
43	私人間の生活関係に関して生ずる紛争や利害の衝突を，国の裁判権によって法律的・強制的に解決するための手続制度について規定した法律は何か。	
44	当事者が互いに譲歩し，紛争の解決を図る方法を何というか。なお，それには，当事者が譲りあって紛争の解決を約束（契約）するもの，訴えを起こすことなく当事者が裁判所に出頭し，そこでなされるもの，いったん訴えを起こし，その手続きの進行中に裁判所でなされるものがあるが，そのそれぞれを何というか。	
45	公的機関の介入を受けながら，紛争当事者が互いに譲歩し，妥当で現実的な紛争の解決を図る方法を何というか。	
46	当事者の合意によって決めた第三者に依頼して紛争の解決を図る方法を何というか。	

答

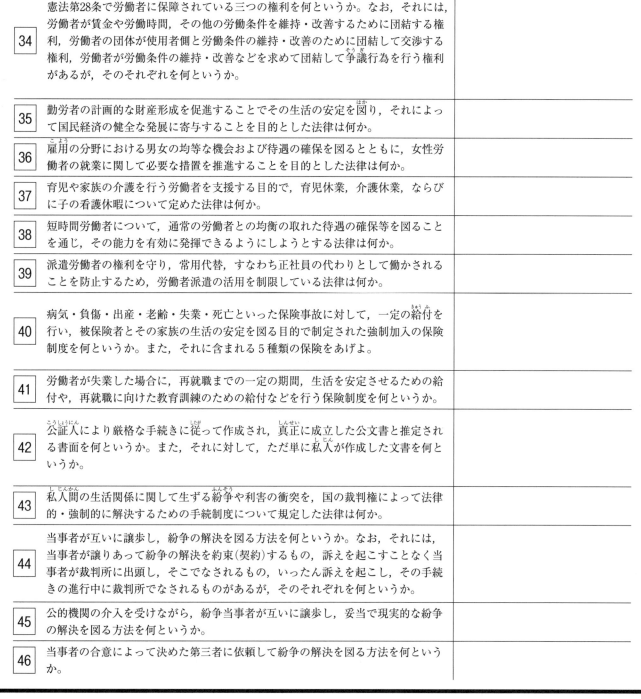

34 労働三権 ── 34 団結権
── 34 団体交渉権
── 34 団体行動権（争議権）
35 勤労者財産形成促進法　　36 男女雇用機会均等法　　37 育児・介護休業法
38 短時間労働者の雇用管理の改善等に関する法律（パートタイム労働法）
39 労働者派遣法 ── 40 医療保険
── 40 年金保険
40 社会保険 ── 40・41 雇用保険
── 40 労働者災害補償保険（労災保険）
── 40 介護保険

4　紛争の予防と解決
42 公正証書と私署証書　　43 民事訴訟法
── 44 裁判外の和解（示談）
44 和解 ── 44 起訴前の和解（即決和解）　　45 調停　　46 仲裁
── 44 訴訟上の和解

47	紛争の解決に向けた第三者(仲裁人)の判断を何というか。また，それに従うという当事者双方の約束を何というか。	
48	専門的知識と経験によって国際商事紛争を解決し，国際取引を促進するために設けられた制度を何というか。	
49	法律によって紛争の解決を強行する制度を何というか。	
50	原告が訴えの趣旨を記した書面を何というか。また，それを裁判所に提出することを何というか。	
51	裁判所から送達された訴状の内容に対して，被告が自らの見解を記し，裁判所に提出した書面を何というか。	
52	争点や証拠について，当事者またはその代理人である弁護士が，自己の主張を裁判官の面前で述べることを何というか。	
53	証拠調べには，書面を証拠とするもの，第三者を証人として呼んで事情を聴くもの，専門家の意見を求めるものがあるが，そのそれぞれを何というか。	
54	事実認定や証拠評価などについては裁判官の自由な判断に委ねるべきだとする考え方を何というか。	
55	上記の54に基づき裁判官が事実に関する当事者の主張の真否を判断して，事実を確定し，その事実に法律を適用した結果が記された書面を何というか。	
56	訴える目的が60万円以下の金銭の支払請求である場合には，簡易裁判所において1回の口頭弁論で審理が終了し，原則として直ちに判決が言い渡されるという訴訟手続きを採用することができるが，これを何というか。	
57	判決に不服のある者が上級の裁判所に対して不服を申し立てることを何というか。なお，それには，第一審の判決に対するものと第二審の判決に対するものがあるが，そのそれぞれを何というか。	
58	上告審が高等裁判所である場合には，憲法判断を受けるため，最高裁判所へ上訴することが認められているが，これを何というか。	
59	当事者双方が上告する権利を留保して控訴しない旨の合意をし，第一審の判決に対して直接上告することを何というか。	
60	民事訴訟においては，一審・二審では事実を調べ，上告審では法律の適用に誤りがないかどうかだけを調べるという，三回にわたる審理の制度が採用されているが，これを何というか。	
61	裁判の内容を国家が強制的に実現する手続きを何というか。	

答

47 仲裁判断と仲裁合意

48 国際商事仲裁制度

49 民事訴訟

50 訴状と訴えの提起

51 答弁書

52 口頭弁論

[証拠調べの方法]─┬─53 書証
　　　　　　　　　├─53 証人尋問
　　　　　　　　　└─53 鑑定

54 自由心証主義

55 判決書

56 少額訴訟

57 上訴─┬─57 控訴
　　　　└─57 上告

58 特別上告　　59 飛躍上告

60 三審制度　　61 強制執行

第1回
商業経済検定模擬試験問題
〔経済活動と法〕

解答上の注意

1．この問題のページはp.28からp.47までです。

2．解答はすべて解答用紙(p.125)に記入しなさい。

3．文字または数字で記入するもの以外はすべて記号で答えなさい。

4．選択問題Ⅰ〔会社に関する法〕・選択問題Ⅱ〔企業の責任と法〕は2分野のうち1分野を解答すること。2分野を解答した場合は，選択問題すべてを無効とします。

5．計算用具や六法全書などの持ち込みはできません。

6．制限時間は50分です。

1 次の文章を読み，問いに答えなさい。

　わたしたちの日常生活が，平穏かつ円滑に営まれていくためには，一定のルールが必要である。ルールがなければ，世の中の秩序が乱れ，人々の間で争いが起こるなど，社会全体が不安なものとなり，社会の発展は到底望めない。このルールを社会規範といい，これには法をはじめとして，慣習，道徳，宗教上の戒律などがある。

　さらに，法の形態としては成文法と　①　がある。そのうち，条文によって書き表された成文法は，国や地方公共団体が一定の手続きのもとに内容を定めるが，(a)成文法はいくつもの階層（上下関係）があり，優先される順序がある。例えば，憲法に反する(b)法律が定められたとしても，法としての効力を持たない。

　また，成文法が実際に国民の権利や義務を規律する効力を生じるためには，国民の一人ひとりに官報などを通じてその内容を知らせなければならない。これを　②　という。そして，人々に知らされた成文法が現実に効力を生じることを　③　という。

問1．文中の　①　に入る用語は何か，次のなかから適切なものを一つ選びなさい。
　ア．私法　　イ．任意法　　ウ．不文法

問2．文中の　②　・　③　にそれぞれ入る用語は何か，次のなかから適切な組み合わせを一つ選びなさい。
　ア．②公布・③施行　　イ．②発布・③執行　　ウ．②宣布・③実行

問3．下線部(a)に基づく配列はどのようなものか，次のなかから適切なものを一つ選びなさい。
　ア．法律・命令・規則　　イ．法律・命令・条約　　ウ．法律・条例・命令

問4．下線部(b)にはどのような特徴があるか，次のなかから適切なものを一つ選びなさい。
　ア．国会以外の機関でも制定することができる。
　イ．国家権力により守ることが強制される。
　ウ．慣習や道徳を基礎にしていない。

2　次の文章を読み，問いに答えなさい。

　　ふつうの会社は，法律や公序良俗に反しない限り，事業の目的や内容について制限を受けること
はない。根拠法規である会社法をはじめ，民法や商法に従って設立され，運営されていればよい。
しかし，電力やガスの供給，通信や鉄道・航空といった公共性の高い分野で活動する会社は，そう
はいかない。

　　金融機関の例であれば，<u>銀行法や金融商品取引法，金融サービス提供法，資金決済法，電子記録
債権法，信託法，保険業法といった個別の法律がさまざまな規定を設け，それぞれの会社の業務を
細かく規制している。しかも，これらの法律は，会社法や民法・商法よりも優先して適用されるの
である。</u>

問．下線部に記されているような法の適用方法は，どのような考え方（主義）に基づくものか，漢字
　　5文字を補って正しい用語を完成させなさい。

3 次の文章を読み，問いに答えなさい。

権利能力をもつ私たち個人のことを法律上では自然人という。民法第3条に「私権の享有は出生に始まる」と規定されており，すべての人は生まれると同時に等しく完全な権利能力をもつことになっているが，(a)胎児の権利能力はこの例外と考えられる。

また，自然人ではないが，(b)一定の要件を備えた団体については，これを法人とし，法律上の権利能力を認めている。

問1．下線部(a)の理由は何か，次のなかから適切なものを一つ選びなさい。

ア．胎児は，まだ生まれていないが，事実上出生したものとみなされ，すでに生まれた子と同等の権利能力を認められるから。

イ．胎児は，まだ生まれていないが，相続や損害賠償請求などの場合は出生したものとみなされ，すでに生まれた子と同等の権利能力を認められるから。

ウ．胎児は，まだ生まれていないので，本来は権利能力をもたないが，出生後にさかのぼって権利能力を認められる場合があるから。

問2．下線部(b)に記されている権利能力は，どのような範囲で認められるか，次のなかから適切なものを一つ選びなさい。

ア．自然人とほぼ同様の範囲で認められる。

イ．定款などに定められた目的の範囲内で認められる。

ウ．定款などに定められた目的の範囲内に加え，その事業の運営に必要な行為や関連する有益な行為についても認められる。

4 次の文章を読み，問いに答えなさい。

　17歳の少年が両親に無断で高級ドラムセットを購入する契約をしてしまった場合，両親はそれを取り消すことができる。これは，民法に規定されている制限行為能力者制度，すなわち，未成年者と成年後見制度によるものである。つまり，意思能力の有無はどうあれ，知識や判断力が不十分な人が取引などを自由に行うと，本人や周囲の人が不利益を受ける可能性が大きい。そこで，(a)このような人々を保護する意味で，いったん行った法律行為を本人の側から取り消すことができる，としているのである。

　なお，制限行為能力者には，未成年者(未成年被後見人)のほか，成年被後見人・被保佐人・被補助人の３種類がある。このうち，未成年者は，18歳未満の者と規定され，成年被後見人・被保佐人・被補助人は，それぞれ一定の要件を備え，□□□による後見開始・保佐開始・補助開始の審判を受けた者と規定されている。そして，制限行為能力者とされた者は，法律行為が一人でできる資格(行為能力)を制限されることになる。

　ところで，上記の成年後見制度は，民法の禁治産制度が100年ぶりに大改正され，平成12年４月から導入されたものであるが，その際，従来の延長線上にある法定後見制度に加え，(b)任意後見制度が創設された。

問１．文中の □□□ に入る公的機関は何か，次のなかから適切なものを一つ選びなさい。
　ア．市町村役場　　イ．法務局　　ウ．家庭裁判所

問２．下線部(a)は実際にどのようなものか，次のなかから適切な事例を一つ選びなさい。ただし，選択肢の登場人物は，いずれも未成年者ではない。
　ア．海外の通信販売業者に衣料品を注文したＡさんは，英文で書かれていた契約書の内容がよくわからなかった。しかし，請求金額が間違っていたので，契約の取り消しを書面で行った。
　イ．街頭で高校時代の友人と出会ったＢさんは，喫茶店で英会話の教材を勧められ，購入する契約を結んだ。しかし，翌日思い直して，教材の販売代理店へ契約を取り消す手紙を出した。
　ウ．精神上の障害でものの道理がわからないＣさんは，遠い親戚と名乗って尋ねてきた青年に財産を譲る約束をした。しかし，先に選任されていた代理人が，その契約を取り消した。

問３．下線部(b)の意義は何か，次のなかから適切なものを一つ選びなさい。
　ア．将来，自分の判断能力が低下したとき，被後見人として保護を受けたいと願う者の意思で，後見事務の内容を決定し，かつ後見人を選定することができるようになった。
　イ．将来，自分の判断能力が低下したとき，被後見人として保護を受けたいと願う者の意思で，後見人を選定することはできないが，後見事務の内容は決定できるようになった。
　ウ．将来，自分の判断能力が低下したとき，被後見人として保護を受けたいと願う者の意思で，後見事務の内容を決定することはできないが，後見人の選定はできるようになった。

5 次の文章を読み，問いに答えなさい。

　パソコン初心者の山田さんは，友人の谷口さんから，中古のパソコンを1台安く譲ってもらえることになった。

　当初から(a)プリンタなどの周辺機器は一切つけないことで話はまとまっていたが，実物を引き渡す直前，谷口さんは「この(b)パソコン本体には(c)旧式の基本ソフトを入れたままにしてあるけど，最新式の基本ソフトが使えるくらいの性能はあるんだ。最新式の方がよければ，僕が安売店で買ってきて入れ替えておくよ。もっとも，その場合はお金を別に請求させてもらうけど，どうする」と切り出してきた。山田さんは，最新式と旧式が機能のうえであまり差がないことを雑誌で知っていたので，旧式の(d)基本ソフトを入れたまま引き取ってきた。

問1．下線部(a)のような合意事項を何というか，次のなかから適切なものを一つ選びなさい。
　　ア．役務　　イ．特約　　ウ．請負

問2．下線部(b)と(c)はどのような関係にあるか，次のなかから適切なものを一つ選びなさい。
　　ア．特定物と不特定物の関係　　イ．主物と従物の関係　　ウ．元物と果実の関係

問3．下線部(d)の作成者に認められる知的財産権(無体財産権)は何か，正しい用語を記入しなさい。

6 次の文章を読み，問いに答えなさい。

　物権とは，ある一定の物を，他人を排除して直接支配し，利用できる強い権利のことである。したがって，物権については，民法第175条で【物権の創設】「物権は，この法律その他の法律に定めるもののほか，創設することができない」と規定され，個人が勝手に新しい内容のものを作り出せないことになっている。その物権のなかでも，所有権は完全な物権といわれ，物の全面的な支配が認められる権利ということができる。しかし，所有権も決して絶対的なものではなく，その行使は法令の制限内に限定され，濫用は許されない。たとえば，隣接している土地の所有権については，互いの権利の調整を図（はか）るため，(a)相隣関係の規定（民法第209条〜第238条）が設けられている。

　物権については，このほかにも土地の利用に関して，地上権・(b)地役権・入会権・永小作権が規定されているなど，全部で10種類のものがある。

問1．下線部(a)により，協力しなければならないとされる申し出には，どのようなものがあるか，次のなかから適切なものを一つ選びなさい。

　ア．「設置費用を出し合って，敷地の境界線上12cmの幅でブロック塀（べい）を設置しましょう」という隣家からの申し出。

　イ．「電柱から有線放送のケーブルを引きたいのだが，お宅の敷地の上を通してほしい」という隣家からの申し出。

　ウ．「平日の昼間はいつも空いているお宅の駐車場に，時々うちの車を止めさせてほしい」という隣家からの申し出。

問2．下線部(b)はどのような権利か，次のなかから適切なものを一つ選びなさい。

　ア．建物などの工作物の築造や植林などのために，他人の土地を利用できる権利。

　イ．農耕や牧畜を行うために，使用料を支払って他人の土地を利用できる権利。

　ウ．通行や引水など，自分の土地を有効に活用する目的で他人の土地を利用できる権利。

⑦　次の文章を読み，問いに答えなさい。

　　毎年４月18日は発明の日である。Ｙ百貨店の催事場では今年，この日の催し物として「アイディア商品フェア」が開催され，その一角には工業所有権に関する「質問・相談コーナー」が設けられていた。

　　嶋崎さんは，そのコーナーで「発明工夫展」入賞製品であるフリルの付いたタオルを購入した。そして，その商品が包装されている袋の裏面を見ると，右の図のようなラベルが目にとまった。彼女にとっては見慣れないものだったので，さっそく「質問・相談コーナー」で意匠と実用新案について尋ねてみた。すると，相談員から「意匠とは，□□□□□□□□□□□□□□□のことです。実用新案とは，物品の形状，構造，または組み合わせにかかわる考案のことです。これらは，出願・登録をすることにより，その意匠や考案にかかわる品物の製造や使用，販売などを行う権利を，一定の期間，独占することができます（出願者にそれぞれ意匠権，実用新案権が与えられます）」といわれた。

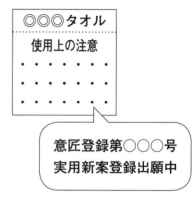

問１．文中の□□□□□□□□□□□□□□にはどのような記述が入るか，次のなかから適切なものを一つ選びなさい。
　ア．自然法則を利用した技術的思想の創作のうち，高度なもの
　イ．物品の形状，模様，色彩またはその結合であって，視覚を通じて美感を起こさせるもの
　ウ．文字，図形，記号，立体的形状，色彩またはこれらの結合，音など政令で定めるものであって，商品や役務に使用されるもの

問２．下線部に記されている「出願・登録」の受付機関はどこか，次のなかから適切なものを一つ選びなさい。
　ア．意匠と考案のどちらについても特許庁である。
　イ．意匠と考案のどちらについても通商産業省である。
　ウ．意匠については特許庁，考案については通商産業省である。
　エ．意匠については通商産業省，考案については特許庁である。

問３．下線部に記されている「登録」のためには，一定の利用可能性が求められるが，それはどのようなものか，次のなかから適切なものを一つ選びなさい。
　ア．意匠と考案のどちらについても，産業上利用可能性が求められる。
　イ．意匠と考案のどちらについても，工業上利用可能性が求められる。
　ウ．意匠については産業上利用可能性が，考案については工業上利用可能性が求められる。
　エ．意匠については工業上利用可能性が，考案については産業上利用可能性が求められる。

問４．下線部に記されている「出願」後，「登録」はどのようにして行われるか，次のなかから適切なものを一つ選びなさい。
　ア．意匠については，出願後，関係機関の審査を経て原簿に登録される。一方，考案については，無審査主義が採用されているので，出願すればそのまま原簿に登録される。
　イ．意匠と考案のどちらについても，無審査主義が採用されているので，出願すればそのまま原簿に登録される。
　ウ．意匠と考案のどちらについても，出願後，関係機関の審査を経て原簿に登録される。

問５．下線部に記されている「一定の期間」とは何年か，次のなかから適切なものを一つ選びなさい。
　ア．意匠と考案のどちらについても出願日から10年である。
　イ．意匠については出願日から10年，考案については登録日から20年である。
　ウ．意匠については出願日から25年，考案については出願日から10年である。

⑧ 次の文章を読み，問いに答えなさい。

　意思表示は，表意者が「この商品を買おう」と自分の意思を決め，そのうえで「売ってほしい」と相手方に表示するというように，内心の意思（真意）と表示内容とは，一致するのがふつうである。しかし，実際には，真意と表示内容とが一致しないことがある。これを　　　　　といい，(a)心裡留保・虚偽表示・(b)錯誤による意思表示の三つの場合がある。

問１．文中の　　　　　に入る用語は何か，次のなかから適切なものを一つ選びなさい。
　ア．意思の不存在　　イ．瑕疵(かし)ある意思表示　　ウ．意思能力の欠如

問２．下線部(a)の法律効果はどのようなものか，次のなかから適切なものを一つ選びなさい。
　ア．表意者は真意でないことを知りながら真意と異なる意思表示をしているので，相手方を保護する意味で，いかなる場合も有効である。
　イ．表意者の言動を注意深く観察していれば，真意と違う意思表示をしているかどうかはわかるはずであるから，いかなる場合も無効である。
　ウ．相手方を保護する意味で，意思表示は原則として有効であるが，それが真意と異なることを相手方が知っていた場合や注意していればわかったはずの場合には無効となる。

問３．下線部(b)は実際にどのようなものか，次のなかから適切な事例を一つ選びなさい。
　ア．借家人をできるだけ早く立ち退かせたいＡさんは，遠縁に当たる不動産業者と密(ひそ)かに話し合い，アパートを売り払ったことにした。
　イ．予想外の大金を手にしたＢさんは，知り合いが経営している飲食店で「この店を2,000万円で買う」と宣言したが，だれも本気にしなかった。
　ウ．出版記念特別価格の適用期間中だと思い込んでいたＣさんは，注文した百科事典と一緒に送付されてきた請求書に，定価が記されているのを見て驚いた。

9 次の文章を読み，問いに答えなさい。

代理制度のうち，　①　においては，だれが代理人となり，どこまでの代理権を保持するかが法律で定められている。一方，　②　では，本人と代理人との間の取り決めによって代理権の授受が行われる。なお，次の事例のように，すでに代理契約が終了しているのに，元代理人があたかもまだ代理権があるように振舞い，善意の第三者に迷惑を及ぼすような　③　もあるので，代理権を与える場合には十分な注意が必要である。

　［事例］

　　高村新聞店からいつも集金に来る従業員が，今月も荒井さん宅へやって来た。荒井さんは，この従業員が1週間前に解雇されたことをまったく知らなかったので，何ら疑いもせず，代金を支払って高村新聞店の領収書を受け取った。ところが，翌日，同店の店主が新聞代金の受領に来たので，荒井さんはすでに支払ったことを伝え，領収書を見せた。

問1．文中の　①　・　②　・　③　にそれぞれ入る用語は何か，次のなかから適切な組み合わせを一つ選びなさい。

　ア．①法定代理・②任意代理・③表見代理　　イ．①任意代理・②法定代理・③表見代理
　ウ．①法定代理・②任意代理・③無権代理　　エ．①任意代理・②法定代理・③無権代理

問2．下線部が行われた証（あかし）として当事者間で授受される書面を何というか，次のなかから適切なものを一つ選びなさい。

　ア．公正証書　　　イ．保証書　　　ウ．委任状

問3．上記の事例についてはどのように解決すべきか，次のなかから適切なものを一つ選びなさい。

　ア．「いつもの従業員さんが解雇されたことは，まったく知らなかったわ。もらった領収書もいつものと同じだし，お支払いは有効よ」という荒井さんの主張をいれて，解決すべきである。

　イ．「その従業員を解雇したのは1週間も前ですし，実際に当店は代金を受け取っていないんです。だまされたのは荒井さんなんですから，もう一度支払ってください」という高村新聞店の店主の主張をいれて，解決すべきである。

　ウ．「荒井さんもだまされたのだし，新聞店にも落ち度があったのだから，荒井さんは改めて代金の半額を支払い，新聞店もそれで納得する」という話し合いによる妥協によって，解決すべきである。

10 次の文章を読み，問いに答えなさい。

　法律の専門学校に通う法子は，高校時代の友人の上田さん・森さんと駅前で待ち合わせをした。あとは森さんが現れるのを待つだけとなったとき，スーツ姿の若い男性が通りがかり，「森さんの友だちだよね。実は街頭のスピードくじでスマートフォンが当たったんだけど，もう1台持っているんだ。安くするから買ってくれないかな」と話しかけてきた。法子は相手にしなかったが，上田さんは原田と名乗るその男と一度会ったことがあり，しかもきちんとした服装で柔らかい物腰だったため，彼を信用してしまった。結局，彼女はその場で現物を受け取り，持ち合わせの現金で支払いを済ませた。

　しかし，傍らでその一部始終を見ていた法子は，以前，キャッチセールスにつかまってひどいめにあったことを思い出し，「あなたを信用しないわけじゃないけど，もしもこのスマートフォンが盗品や落とし物で，元の持ち主が返還を求めてきたら，返さないわけにはいかないわよね」と尋ねた。法子の心配に対して，原田は「嫌だな，そんなこと絶対にないよ。仮にそういうことになったとしても，動産の占有には　　　　　があるから大丈夫さ。つまり，日常頻繁に取引される(a)動産については，取引の迅速と安全を図るため，買い手を保護する制度が民法第192条に規定されているんだ。だから返す必要はないよ」と誇らしげに答えた。それを聞いた法子は，即座に「残念でした。(b)その制度については第193条に例外規定があり，この場合はそれに該当するので，やはり返さなければならないのよ」と切り返したが，原田は「とにかくそうなったときはお金は返すよ」といってごまかした。

問1．文中の　　　　　に入る用語は何か，次のなかから適切なものを一つ選びなさい。
　ア．対抗力　　イ．公示力　　ウ．公信力

問2．下線部(a)に記されている制度を何というか，漢字4文字を補って正しい用語を完成させなさい。

問3．下線部(b)は具体的にどういうことか，次のなかから適切なものを一つ選びなさい。
　ア．占有物（スマートフォン）が盗品または遺失物の場合には，例外規定が適用され，元の持ち主は，占有者（上田さん）に対して，盗難または遺失の時より2年間はその返還を請求できることになっているから。
　イ．売買契約の目的物（スマートフォン）が盗品または遺失物の場合には，例外規定が適用され，元の持ち主は，買い手（上田さん）に対して，売買契約が締結された日から8日以内ならば書面でその返還を請求できることになっているから。
　ウ．売買契約の目的物（スマートフォン）が盗品または遺失物で，その引き渡しが営業所等以外の場所で行われた場合には，例外規定が適用され，元の持ち主は，買い手（上田さん）に対して，いつでもその返還を請求できることになっているから。

11 次の文章を読み，問いに答えなさい。

町田美幸はバドミントン部の部長をしている。ラケットやウェアなどは，お気に入りのヨネソン社の商品を使用している。(a)ヨネソン社の商品には「Y」をモチーフに作成したロゴマークが使用されている。このロゴマークは他社が使用できないように知的財産権として登録されているので，町田が商品を購入するときは，他社の製品と間違えることなく安心して購入できる。

ある日，町田のラケットが破損してしまった。そこで，いきつけの小田スポーツに行き，新しいラケットを探していると，店主から数量限定で発売されたヨネソン社のラケットを勧められた。興味を持った町田は，値段や性能を確認した。さらに，支払方法や引き渡し時期について尋ねると，「引き渡しは，3日後になります。購入申込書を提出されるときに，売買契約を成立させるための一部代金を手付金として支払っていただき，残りの代金はラケットの引き渡し時に支払ってください」と返答された。納得した町田は，購入申込書を記入し，手付金を支払った。店主は購入申込書と手付金を受け取り，売買契約は成立した。

翌日，町田のもとに小田スポーツから電話がかかってきた。店主から「申し訳ありません。手違いで，すでにこのラケットの当店の在庫は無くなっていました。数量限定のラケットなので，新たな入荷はできず，販売することができません。売買契約を解除していただきたいのですが」と伝えられた。町田は，ラケットを購入することができないと知り，落胆した。しかし，いつも親身に対応してくれる小田スポーツの店主を責める気にはなれず，その申し出に応じると伝えた。そこで，(b)小田スポーツは，民法に則った売買契約の解除を行った。

町田は，ヨネソン社の数量限定ラケットの購入をあきらめていた。しかし，数日後，たまたま通りかかったシラカワスポーツに，そのラケットが販売されていた。店員によるとガットも張り上げられ，すぐに持ち帰ることができるという。そこで，町田は，店員に「このラケットを購入したいと思います。ただ今は手持ちのお金がありません。お金は，明日持ってきます。今日の練習から使いたいので，ラケットを持ち帰ることはできませんか」と尋ねてみた。すると，「たとえ，売買契約を結んだとしても，(c)ラケットを先に渡して，決済を後にするということはできません」と断られた。町田は，そのラケットの取り置きをお願いし，翌日，購入代金を持って，シラカワスポーツを訪れ，ラケットを購入することができた。

問1．本文の主旨から，下線部(a)のような知的財産権を何というか，次のなかから適切なものを一つ選びなさい。
　　ア．肖像権　　イ．特許権　　ウ．商標権

問2．本文の主旨から，下線部(b)の売買契約の解除のために，小田スポーツはどのような手続きを行ったか，次のなかから，最も適切なものを一つ選びなさい。
　　ア．受け取っていた手付金を町田に実際に返金した。
　　イ．受け取っていた手付金の倍額を町田に実際に返金した。
　　ウ．受け取っていた手付金を返金することを町田に通告した。
　　エ．受け取っていた手付金の倍額を返金することを町田に通告した。

問3．下線部(c)の店員の主張はどのような権利に基づくものか，漢字4文字を補って正しい用語を完成させなさい。

12　次の文章を読み，問いに答えなさい。

　　土地の賃借権契約においては，借地の上に建てた建物について□□□□をしていれば，地主がか
わっても借地人は新地主に対して賃借権を主張でき，立ち退く必要はない。また，借地契約の期間
が満了となったときに，地主が自分で使用する必要性などの正当な事由が認められる場合を除き，
契約は更新されるのが通例であった。つまり，(a)賃借権は事実上，地上権と同様の対抗力を持つよ
うになってきていたのであるが，それはひとえに，経済的弱者としての借地人を特別に保護しよう
としたものであった。

　　ところが，(b)こうした配慮が行き過ぎて思わぬ弊害が生じた。そこで，旧来の借地法・借家法・
建物保護法が一本化され，平成4年(1992年)8月に借地借家法として施行された際，同法第22条に
(c)定期借地権に関する規定が設けられ，契約期間が満了となったときにその契約の更新が行われず，
土地の明け渡しが円滑に実施されるような制度が定められた。これにより，現在では，(d)従来の分
譲マンションよりも割安な価格の定期借地権付きマンションが多数，販売されるようになった。ま
た，平成12年(2000年)3月には定期建物賃貸借制度も創設された。

問1．文中の□□□□に入る用語は何か，次のなかから適切なものを一つ選びなさい。
　　ア．援用　　イ．占有　　ウ．登記

問2．下線部(a)に記されている現象は一般に何と呼ばれているか，次のなかから適切なものを一つ
　　選びなさい。
　　ア．不動産賃借権の強化　　イ．不動産賃借権の物権化　　ウ．不動産賃借権の地上権化

問3．下線部(b)に記されている弊害とは具体的にどういうことか，次のなかから適切なものを一つ
　　選びなさい。
　　ア．一旦，他人に土地を貸すと，なかなか返還されないので，土地を貸すよりもできるだけ高く
　　　売却しようとする地主が増え，逆に地価が暴落してしまったこと。
　　イ．一旦，他人に土地を貸すと，なかなか返還されないので，土地を貸して地代を得ようとする
　　　地主が少なくなり，優良な宅地の供給が妨げられてしまったこと。
　　ウ．一旦，他人に土地を貸すと，なかなか返還されないので，土地を貸して地代を得ようとする
　　　地主が少なくなり，地代に対する税収が大幅に減少してしまったこと。

問4．下線(c)の存続期間はどのように規定されているか，次のなかから適切なものを一つ選びなさ
　　い。
　　ア．「存続期間を50年以上として借地権を設定する場合…」
　　イ．「存続期間を50年として借地権を設定する場合…」
　　ウ．「存続期間を50年以下として借地権を設定する場合…」

問5．下線部(d)は，権利関係からするとどのようなマンションか，次のなかから適切なものを一つ
　　選びなさい。
　　ア．土地所有権付きマンション
　　イ．土地占有権付きマンション
　　ウ．地上権付きマンション

13 次の文章を読み，問いに答えなさい。

　マイホーム購入を決意した進藤さんは，いろいろ家族で話し合った末，N不動産販売㈱が手がける新築の建売住宅を選び，同社と売買契約を結んだ。入居までの間に一度担当者から連絡があり，(a)竣工予定が延びてしまい，引き渡しの期日も延ばさざるを得ないという話があった。引っ越しと入居の予定がすっかり狂ってしまい，困惑した進藤さんであったが，そのときは仕方がないと納得し，あえて問題にしなかった。

　しかし，いざ入居してみるとどうも様子がおかしい。

　ドアの閉まりが悪いと思ったら，床がやや傾いているようで，きしむ箇所もある。気になるので，床下に潜って調べてみたところ，基礎や土台の造りが素人目にも杜撰で，塚柱が浮いて塚に届いていないものさえあった。納得のいかない進藤さんは，N不動産販売㈱と徹底的に話し合ったが，(b)正常な状態にまで修復することはできないという回答であった。

　進藤さんは，当初，先方にあまりにも誠意が感じられなかったので，契約の解除や裁判に訴えるといったことも考えたが，結局，(c)近所に納得のいく代替物件を用意させることで合意し，決着をつけた。

問1．下線部(a)は，債務不履行の観点からすると，どのように考えられるか，次のなかから適切なものを一つ選びなさい。

　ア．このようなケースはよくあることで，債務不履行には該当しない。しかも，N不動産販売㈱は，進藤さんに対して事前に連絡をしているので，まったく問題にはならない。

　イ．このようなケースは債務不履行の履行遅滞に該当する。しかし，たとえ進藤さんが問題にしていたとしても，N不動産販売㈱に損害賠償を請求することまではできなかっただろう。

　ウ．このようなケースは債務不履行の履行遅滞に該当する。したがって，進藤さんが問題にしていれば，N不動産販売㈱に遅延賠償を請求することができたはずである。

問2．本文の後半，すなわち入居後の記述には，N不動産販売㈱による明らかな債務不履行の様子が描かれているが，これを特に何というか，正しい用語を記入しなさい。

問3．下線部(c)は，本文の脈絡や下線部(b)から判断すると，どのような請求に分類されるか，次のなかから最も適切なものを一つ選びなさい。

　ア．慰謝料の請求　　　イ．填補賠償の請求　　　ウ．代物弁済の請求

14 次の文章を読み，問いに答えなさい。

建設会社を経営する菊池一夫は，下請けの内装業者である友岡さんの夫婦から，お金の相談を受けた。そして，菊池社長は80万円を用立てることにしたが，(a)その際，友岡夫妻が担保として宝石を用意してきたので，黙ってそれを預かった。

しかし，期日がきても友岡夫妻は80万円の借金を返済することができなかった。(b)菊池社長は，「どんなに安く見積もっても時価100万円はしそうなこの宝石が，果たして自分のものになるのかな…」と首をひねった。

問１．下線部(a)において友岡夫妻が宝石に設定した担保物件は何か，次のなかから適切なものを一つ選びなさい。

ア．質権　　イ．先取特権　　ウ．抵当権

問２．下線部(b)に記されている菊池社長の疑問は，どのように考えたらよいか，次のなかから適切なものを一つ選びなさい。

ア．友岡夫妻が借金を返済しないのだから，担保の目的物である宝石は菊池社長のものとなり，彼はそれを自由に処分することができる。

イ．菊池社長は，担保の目的物である宝石を自分のものにすることはできないが，知人の宝石商にそれを売り，代金のなかから80万円とその利息分を回収することができる。

ウ．菊池社長は，担保の目的物である宝石を自分のものにしたり，勝手に処分したりすることはできないので，それは競売にかけられ，彼は代金のなかから80万円とその利息だけを受け取ることができる。

15 次の文章を読み，問いに答えなさい。

　担保にできるような資産をもたない債務者に対しては，債務者以外の第三者の信用を担保とする，いわば人的担保の方法がとられることが多い。これは，物的担保がある場合にも，債権の回収をよりいっそう確実にするために広く用いられている方法で，その主なものとしては，保証債務と連帯保証債務がある。次の事例は，前者に関するものである。

　　［事例］

　　松本拓也は，知人の吉川さんから100万円の借金を申し込まれたが，吉川さんには担保にできるような土地や財産はなかった。そこで，松本は，保証人をつけることを条件にして吉川さんに100万円を貸すことにした。

　　松本と吉川さんとの間で金銭消費貸借契約証書を作成する際，吉川さんは上司の野口課長に保証人を頼み，野口課長はそれを快く引き受けて，書類に保証人として署名・押印した。

問１．本文の事例では，保証契約はだれとだれの間で結ばれたか，次のなかから適切なものを一つ選びなさい。

　ア．松本拓也と吉川さんとの間

　イ．吉川さんと野口課長との間

　ウ．松本拓也と野口課長との間

問２．本文の事例において，松本拓也が返済日にいきなり野口課長に返済を求めてきた場合，野口課長はどのように対応すべきか，次のなかから適切なものを一つ選びなさい。

　ア．野口課長は，ただちに支払わなければならない。

　イ．野口課長は，催告の抗弁権に基づいて，とりあえず松本拓也を退けることができる。

　ウ．野口課長は，検索の抗弁権に基づいて，とりあえず松本拓也を退けることができる。

16 次の文章を読み，問いに答えなさい。

　よく晴れた日曜日，毎日多忙で運動不足の稲本さんは，地元の友人たちと空き地で草野球に興じていた。5回の裏，ノーアウト，打席に立った稲本さんは，相手投手の直球を右方向へ弾き返したかのように見えた。しかし，振り遅れていたため，打球はファールフライとなって隣家の窓を直撃した。たまたま隣家は教会であったため，窓には芸術的なステンドグラスがはめ込まれていた。そして，稲本さんが謝罪に行くと，それは蜘蛛の巣状にひび割れて，壊れていた。

問．本文の事例において，ステンドグラスの損害はだれに賠償責任があるか，次のなかから適切なものを一つ選びなさい。

　ア．ファールフライを打ち上げて直接の原因を作った稲本さん

　イ．ボールを投げた相手投手とファールフライを打ち上げた稲本さん

　ウ．ファールフライを打ち上げた稲本さんのチームメート全員

　エ．そのとき，草野球に興じていたすべての人たち

選択問題Ⅰ〔会社に関する法〕

1　次の文章を読み，問いに答えなさい。

　　W大学生らの投資サークルのOB2人が，インターネットの株取引でウソの買い注文を繰り返し，不正な利益を得ていた疑いのあることが，関係者の話で分かった。東京地検特捜部は2人から(a)関連法違反(相場操縦)の容疑で事情聴取しており，近く刑事責任を追及する見通し。

　　関係者によると，2人は，東証1部上場などの複数企業の株を対象に，(b)購入の意思がないのに買い注文を大量に出し，株価をつり上げた後に注文を取り消す手口を繰り返し，事前に購入した株を高値で売り抜けた疑いがある。少なくとも数百万円の利益を得たという。証券取引等監視委員会が5月，同法違反容疑で自宅などを捜索していた。

　　2人は数年前からこの手口などを行っていたとみられ，買い注文が成立した割合を示す「約定率」は数％にとどまっていた。事情聴取に対し，容疑を認めている。　　　　（2014年10月7日読売新聞）

問1．下線部(a)は具体的に何という法律か，次のなかから適切なものを一つ選びなさい。
　　ア．不正競争防止法　　　イ．金融商品取引法　　　ウ．金融商品販売法

問2．下線部(b)に記述されている「手口」は一般に何と呼ばれているか，次のなかから適切なものを一つ選びなさい。
　　ア．さくら　　イ．こませ　　ウ．さびき　　エ．見せ玉

② 次の文章を読み，問いに答えなさい。

　出版社に勤めて３年目の岸野美咲は，証券会社に勤務する友人から株式の購入を勧められ，「株式投資入門」というパンフレットをもらった。その冒頭には，株主になると，株式会社の社員としての地位とそれに伴う権利が与えられること，そして，その権利は，(a)株主が会社の運営に参加することを内容とするものと，株主が会社から経済的な利益を受けることを内容とするものとに大別されることなどが書かれていた。岸野には，あまりピンとこなかったが，とりあえず大好きな遊園地の株式を購入した。

　後日，「定時株主総会開催のお知らせ」が届き，今回は，(b)取締役会の新しいメンバーが選ばれるということなので，興味をもった岸野は，総会に出席してみることにした。当日の株主総会では，開会が告げられた後，取締役の選任，監査役の選任，決算の承認といった重要事項が，代表取締役である社長から淡々と提案され，さしたる質疑応答もなく，決議されていった。拍子抜けした岸野であったが，(c)定款の変更が提案されたときは少し緊張した。なぜならば，可決するには出席者の３分の２以上の賛成が必要とされる，という説明があったからだ。

問１．下線部(a)の権利を何というか，また，それにはどのようなものがあるか，次のなかから適切なものを一つ選びなさい。
　ア．共益権といい，株主総会における権利や残余財産の分配を請求する権利などがある。
　イ．共益権といい，株主総会における権利や会計帳簿を閲覧する権利などがある。
　ウ．自益権といい，利益の配当を請求する権利や会計帳簿を閲覧する権利などがある。
　エ．自益権といい，利益の配当を請求する権利や残余財産の分配を請求する権利などがある。

問２．下線部(b)の決議事項として，どのようなものが法定されているか，次のなかから適切なものを一つ選びなさい。
　ア．営業譲渡や新株・社債の発行
　イ．営業譲渡や取締役・監査役の報酬額の決定
　ウ．代表取締役の選任や新株・社債の発行
　エ．代表取締役の選任や取締役・監査役の報酬額の決定

問３．下線部(c)に記されている決議方法を何というか，次のなかから適切なものを一つ選びなさい。
　ア．普通決議　　イ．特別決議　　ウ．特殊な決議

選択問題II〔企業の責任と法〕

1 次の文章を読み，問いに答えなさい。

西島幸子が家を出ようとしたとき，宅配便で荷物が届けられた。友人との待ち合わせの時間が迫り，慌てていた彼女は，伝票の差出人欄を確かめずに判を押し，それを受け取ってしまった。

帰宅した彼女がその荷物を開けてみると，注文した覚えのないサプリメントのセットで，代金の振込用紙とともにパンフレットが同封されていた。そしてそれには「(a)ご購入を希望されない場合には，お届けした宅配業者に対して，その場でお受け取りの拒否をしてください。お受け取りになられた場合には，ご購入を承諾されたものとみなします」と記されていた。幸子は，特にこちらから注文したものではないし，もちろん購入するつもりもないので，そのまま部屋の片隅に放っておいた。ところがその後，自宅の「留守電」に代金を請求するメッセージが毎日のように入り，請求書もたびたび郵送されてくる。しかも，次第に言葉や文面が厳しいものになってきたので，先方に電話をかけて抗議しようとしたが，なぜかいつもつながらなかった。

困り果てた幸子は，(b)市の消費生活センターへ出向き，代金は支払わなければならないのか，また，送られてきた商品（サプリメントのセット）はどのように処分したらよいのか，相談してみることにした。

問1．下線部(a)のような仕組みで行われる販売方法を何というか，次のなかから適切なものを一つ選びなさい。

　ア．キャッチセールス(catch sales)

　イ．ネガティブオプション(negative option)

　ウ．アポイントメント・セールス(appointment sales)

問2．下線部(b)について，消費生活センターによる西島幸子への回答はどのようなものになるか，次のなかから適切なものを一つ選びなさい。

　ア．「あなたは，荷物を届けた宅配業者に対して受け取りの拒否をしなかったので，代金を全額支払わなければなりません。もちろん，その後ならば，商品を自由に処分することができます」

　イ．「あなたは，代金を支払う必要はまったくありません。また，商品はただちに処分することができます」

　ウ．「あなたは，代金を支払う必要はありませんが，荷物を一旦受け取ったので，先方に引き取りを請求しなければなりません。そして，その後7日間経過すれば，商品を自由に処分することができます」

2 次の文章を読み，問いに答えなさい。

　高校3年生の滝沢君は，「経済活動と法」の授業で，労働に関連する法律について教わった。そ
れによると，民法第623条には「雇用は，当事者の一方が相手方に対して労働に従事することを約し，
相手方がこれに対してその報酬を与えることを約することによって，その効力を生ずる。」とあるが，
現在では，このような(a)雇用契約に関して，民法の規定が問題にされることはほとんどなく，労働
三法と総称される(b)労働基準法・労働組合法・労働関係調整法をはじめ，多様で詳細な法規定が存
在し，それが適用されているということであった。

　そんなある日，滝沢君か4月から勤めることになっている会社から，ある冊子が送付されてきた。
それには，社会人・企業人としての心構えや，入社までに準備しておくべき事柄などに加え，(c)職
場の規則が詳細に記されてあった。そして，その規則は，そこで働く人々に一括して適用されてい
るということであった。

問1．下線部(a)は，民法第623条の規定からすると，どのような契約として分類されるか，次のな
　　かから適切なものを一つ選びなさい。
　　ア．有償・双務・諾成契約　　イ．有償・双務・要物契約　　ウ．有償・双務・付合契約

問2．下線部(b)にはどのようなことが規定されているか，次のなかから適切な組み合わせを一つ選
　　びなさい。
　　ア．育児休業の保障，災害補償，週40時間の法定労働時間
　　イ．労働三権の保障，不当労働行為の禁止，強制労働の禁止
　　ウ．男女同一賃金の原則，休日及び年次有給休暇，年少者の保護

問3．下線部(c)に記されている規則を何というか，漢字2文字を補って正しい用語を完成させなさ
　　い。

第2回
商業経済検定模擬試験問題
〔経済活動と法〕

解答上の注意

1．この問題のページはp.50からp.72までです。

2．解答はすべて解答用紙(p.127)に記入しなさい。

3．文字または数字で記入するもの以外はすべて記号で答えなさい。

4．選択問題Ⅰ〔会社に関する法〕・選択問題Ⅱ〔企業の責任と法〕は2分野のうち1分野を解答すること。2分野を解答した場合は，選択問題すべてを無効とします。

5．計算用具や六法全書などの持ち込みはできません。

6．制限時間は50分です。

1 次の文章を読み，問いに答えなさい。

　近頃，日常生活で目に余るものとして，駅前の放置自転車がある。各地方自治体では，通行の妨^{さまた}げとなるこうした自転車を整理したり，移動したり，さらには公共の駐輪場を建設するなど，積極的に対応してきたが，事態はなかなか改善されない。緊急自動車の円滑な通行や災害発生時の避難路の確保などを考えると，早急に有効な対策が講じられる必要があるといえよう。

　そうしたことから，地方公共団体のなかには，議会で，自転車の放置に対する罰則規定を成立させて，取り締まりを実施しているところも少なくない。

問．下線部に記されている罰則規定は，どのような法として分類されるか，次のなかから適切なものを一つ選びなさい。
　ア．条約　　イ．条例　　ウ．条理

2　次の文章を読み，問いに答えなさい。

　法はさまざまな形で分類される。以下にその代表的な分類方法を示すことにしよう。

　まず第一に，成文法と不文法とに分類される。すなわち成文法とは，一定の手続きを経て国会や都道府県議会などで制定され，条文の形で存在する法をいい，これに対して不文法とは，　①　や　②　など，明確な条文の形になっていない法をいう。

　第二に，一般法と特別法とに分類される。すなわち一般法とは，ある事柄について広く一般的に規定した法であり，これに対して特別法とは，特定の人・地域・事柄に限って規定した法である。たとえば，賃貸借一般については民法に規定があるが，宅地や建物の賃貸借についてはさらに借地借家法に詳しく規定されている。ところが，民法と借地借家法に限らず，(a)一般法と特別法の規定には一致しないところも多い。

　第三に，公法・私法・公私混合法の三つに分類される。すなわち，(b)公法とは，国家や地方公共団体と国民の関係を規律する法をいい，これに対して(c)私法とは，国民同士の関係を規律する法をいう。ところで，国民同士の関係においては，ときに弱者が強者に痛めつけられるという事態が起こり得る。そのため，主に経済的弱者を保護する必要性から，国民同士の関係に公的機関が介入できる法的根拠が求められるようになった。こうして登場してきたのが(d)公私混合法なのである。

問1．文中の　①　・　②　にそれぞれ入る用語は何か，次のなかから適切な組み合わせを一つ選びなさい。
　　ア．①慣習法・②判例法　　　イ．①強行法・②任意法　　　ウ．①実体法・②手続法

問2．下線部(a)については，どのような扱いがなされるか，次のなかから適切なものを一つ選びなさい。
　　ア．一般法優先主義がとられているので，一般法の規定が適用される。
　　イ．特別法優先主義がとられているので，特別法の規定が適用される。
　　ウ．一般法であるか特別法であるかにかかわらず，その事件に対する裁判官の判断で適用される規定が決められる。

問3．下線部(b)と(c)にはそれぞれどのようなものがあるか，次のなかから適切な組み合わせを一つ選びなさい。
　　ア．(b)憲法と(c)刑法　　　イ．(b)商法と(c)憲法　　　ウ．(b)刑法と(c)商法

問4．下線部(d)にはどのようなものがあるか，次のなかから適切な組み合わせを一つ選びなさい。
　　ア．労働基準法と教育基本法
　　イ．教育基本法と独占禁止法
　　ウ．労働基準法と独占禁止法

③ 次の文章を読み，問いに答えなさい。

民法の第1条には，その基本原則が次のように規定されている。

「1　私権は，公共の福祉に適合しなければならない。

2　権利の行使及び義務の履行は，信義に従い誠実に行わなければならない。

3　権利の濫用は，これを許さない。」

これにより，私法上の権利については，それを無制限に行使することは許されず，社会全体の利益と一致するよう，信義に従って誠実に行使しなければならないとされる。そして，これに反する行為は，権利の濫用として禁止されている。

それでは，具体的にどのような場合が権利の濫用になるのか，次の四つの行為について考えてみてほしい。

(1)　公園用地として市に無償で貸与していた社有地の返還を求める行為。

(2)　桜の名所となっている郊外の社有地に，大規模な工場を建設する行為。

(3)　社有地に井戸を掘り，工業用水として大量の地下水を汲み上げる行為。

(4)　自社の工場から排出された有害物質を，その敷地内に放置する行為。

問．下線部の結果，どのようなことがいえるか，次のなかから最も適切なものを一つ選びなさい。

ア．いずれの行為も権利の濫用になると考えられる。

イ．(1)以外の三つの行為が権利の濫用になると考えられる。

ウ．(3)と(4)の二つの行為が権利の濫用になると考えられる。

エ．(4)の行為だけが権利の濫用になると考えられる。

4 次の文章を読み，問いに答えなさい。

　今井豊三と長谷川武士を含む京北山岳会のメンバー5人は，5年程前，アイガー北壁の登頂に挑んだが，途中，はげしいブリザードに見舞われてパーティーは動けなくなった。そこへ底雪崩(そこなだれ)が襲い，全員が遭難した。天候の回復を待って，大がかりな捜索が行われたが，長谷川武士が奇跡的に助かっただけで，今井豊三は行方不明，残りの3人は遺体となって発見され，捜索は打ち切られた。

　ただ一人生還し，地元の病院に収容された長谷川武士であったが，仲間の死亡と行方不明を聞かされて責任を感じ，遭難からおよそ1か月後に姿を消してしまい，その後，一切の消息を絶った。

　それからおよそ5年の歳月が経過し，(a)今井豊三の妻は，行方不明の夫について家庭裁判所の失踪宣告を受け，この春，めでたく再婚の運びとなった。その話を聞いた(b)長谷川武士の妻も，長らく消息のない夫について，失踪宣告の請求を検討することにした。

問1．下線部(a)の結果，今井豊三はいつ死亡したものとみなされたか，次のなかから適切なものを一つ選びなさい。
　ア．夫が行方不明となった原因の底雪崩が治まったとき。
　イ．遭難によって夫が行方不明となり，その後1年が経過したとき。
　ウ．妻が夫の失踪宣告を受けたとき。

問2．下線部(b)により，長谷川武士の妻はどのような結論にいきつくか，次のなかから適切なものを一つ選びなさい。
　ア．夫が消息を絶ってから，すでに規定の1年以上が経過しているので，いつでも失踪宣告を請求することができる。
　イ．夫が消息を絶ってから，そろそろ規定の5年が経過するが，その満了の日をもって失踪宣告の請求ができるようになる。
　ウ．夫が消息を絶ってから，まだ規定の7年は経過していないので，失踪宣告を請求することはできない。

⑤ 次の文章を読み，問いに答えなさい。

民法は，　①　能力の有無にかかわらず，判断力の不十分な人には　②　能力を認めていない。それは，そうした人たちが不利な取引をして損をすることのないよう特別に保護するためで，これを制限行為能力者制度という。この制度は，未成年者制度と成年後見制度からなっており，その概要は次のとおりである。

1．制限行為能力者の種類

制限行為能力者には，(a)未成年者(未成年被後見人)のほか，成年後見制度における　③　後見制度により，成年被後見人・被保佐人・被補助人の三種類が規定されている。このうち，未成年者とは，18歳にならない者をいうが，(b)成年被後見人・被保佐人・被補助人は，一定の状態にある者について，本人や近親者などからの請求により，家庭裁判所が審判を行うことになっている。

2．制限行為能力者の保護

制限行為能力者には，それぞれ保護者として，(c)親権者または未成年後見人，(d)成年後見人・保佐人・補助人がつけられる。そして，これらの保護者は，(e)法定代理人として制限行為能力者に代わって法律行為をしたり，制限行為能力者による法律行為に同意を与えたりする。

このほか，成年後見制度には，自分の判断能力の低下を見越して，あらかじめ他人に後見人を依頼し，公正証書で委任契約を締結しておく　④　後見制度がある。そして，その効力は，本人の判断能力が低下した後，利害関係人の申し立てによって家庭裁判所が監督人を選任した時点で生じる。なお，成年後見人は個人に限らず，社会福祉法人などでも構わない。

問1．文中の　①　～　④　にそれぞれ入る語は何か，次のなかから適切な組み合わせを一つ選びなさい。

ア．①意思・②行為・③任意・④法定　　イ．①行為・②意思・③法定・④任意
ウ．①意思・②行為・③法定・④任意　　エ．①行為・②意思・③任意・④法定

問2．下線部(a)が下線部(c)の同意を得ないで行った法律行為はどうなるか，次のなかから適切なものを一つ選びなさい。

ア．下線部(a)の側は，その法律行為を例外なく取り消すことができる。
イ．下線部(a)の側は，一部の例外を除いてその法律行為を取り消すことができる。
ウ．その法律行為は無効であり，はじめから効力をもたない。

問3．下線部(b)に記されている「一定の状態にある者」とは，例えばどのような人か，次のなかから適切なものを一つ選びなさい。ただし，選択肢の人々はいずれも未成年者ではない。

ア．重い心臓病のため，入退院を繰り返し，仕事に就くことのできない人。
イ．近くの商店街で思いつくままに高価なものを注文してしまう重度認知症の老人。
ウ．派手な生活による多額の借金を抱えながら，仕事もせず，賭け事に夢中になっている若者。

問4．下線部(d)のうち，下線部(e)に該当するのはどれか，次のなかから適切なものを一つ選びなさい。

ア．成年後見人だけが該当する。
イ．成年後見人と保佐人が該当する。
ウ．いずれも該当する。

6 次の文章を読み，問いに答えなさい。

法律によって権利能力（人格）を認められたものを法人といい，それには(a)公法人と(b)私法人の2種類がある。そして，このうちの私法人は，さらに次のような二つの基準により，それぞれ大別される。

I.「設立基盤」の違いから，(c)財団法人と(d)社団法人とに分けられる。

財団法人は，一定の目的のために運用される財産を基盤として設立された法人である。それに対して，社団法人は，一定の目的のために人々が集まって設立された法人である。

II.「活動目的」の違いから，(e)営利法人と(f)一般法人とに分けられる。

営利法人は，何らかの事業を営んで，その利益（剰余金）を社員に分配することを目的とする法人である。それに対して，一般法人は，社員への利益の分配を目的としていない団体が，登記をすることによって法人格を取得したものである。なお，一般法人のなかには，社会全体の利益の向上を目的とする団体として，行政庁から認定を受けた公益法人があるが，これはいわば特別な存在であるといえよう。

問1．下線部(a)と(b)にはそれぞれどのようなものがあるか，次のなかから適切な組み合わせを一つ選びなさい。

ア．(a)国・(b)健康保険組合

イ．(a)都道府県・(b)日本赤十字社

ウ．(a)全国商業高等学校協会・(b)株式会社

問2．下線部(c)と(d)の根本規則，またはそれを記載した文書・書面のことをそれぞれ何というか，次のなかから適切なものを一つ選びなさい。

ア．一部の例外を除き，下線部(c)と(d)のどちらの場合も定款という。

イ．一部の例外を除き，下線部(c)と(d)のどちらの場合も寄付行為という。

ウ．下線部(c)の場合は定款といい，(d)の場合は寄付行為という。

エ．下線部(c)の場合は寄付行為といい，(d)の場合は定款という。

問3．下線部(c)と下線部(e)・(f)の関係はどのようになっているか，次のなかから適切なものを一つ選びなさい。

ア．下線部(c)には，営利財団法人と一般財団法人の2種類がある。

イ．下線部(c)は，すべて営利財団法人であり，一般財団法人は存在しない。

ウ．下線部(c)は，すべて一般財団法人であり，営利財団法人は存在しない。

問4．下線部(d)と下線部(e)・(f)の関係はどのようになっているか，次のなかから適切なものを一つ選びなさい。

ア．下線部(d)には，営利社団法人と一般社団法人の2種類がある。

イ．下線部(d)は，すべて営利社団法人であり，一般社団法人は存在しない。

ウ．下線部(d)は，すべて一般社団法人であり，営利社団法人は存在しない。

7 次の文章を読み，問いに答えなさい。

　　権利の客体となるさまざまな財産のなかで最も具体的なのは物である。これについて民法第85条は「この法律において『物』とは，□□□□をいう。」と規定している。ところが，電気は，固体・気体・液体のいずれでもないため，□□□□とはいえないのであるが，人間が支配・管理でき，経済的な価値が認められるので，法律上は，物として扱われている。

　問．文中の□□□□に共通して入る用語を記入しなさい。

8 次の文章を読み，問いに答えなさい。

　財産権の一つの存在形式として有価証券がある。つまり，(a)有価証券とは，財産権を表した証券のことであり，人がその権利を行使したり，移転したりするには，その証券を所持・交付していることが必要となる。それでは，この証券の所持という行為には一体どのような意味があるのだろうか。

　証券を所持しているとか，傘をさしているとか，洋服を着ているというような行為は，事実上，人が物を自分の支配下においていることを意味する。このような状態を占有といい，(b)民法は，社会の秩序を維持するために，この占有しているという事実状態を，一つの権利，すなわち占有権として保護している。

問１．下線部(a)にはどのようなものがあるか，次のなかから適切な組み合わせを一つ選びなさい。
　　ア．紙幣・手形・小切手・預金証書
　　イ．株券・社債券・郵便切手・定期乗車券
　　ウ．商品券・貨物引換証・倉荷証券・船荷証券

問２．下線部(b)に記されている占有は，どのような場合に保護されるか，次のなかから適切なものを一つ選びなさい。
　　ア．その占有が，所有権に基づく場合に限り保護される。
　　イ．その占有が，所有権や用益物権などといった正当な権利に基づく場合に限り保護される。
　　ウ．その占有が，正当な権利に基づく場合はもちろん，そうでない場合にも保護される。

9 次の文章を読み，問いに答えなさい。

　風致地区に住む田中さんは，2年ほど前，近隣の人々と話し合い，「今後20年間，この地区では，奇抜な外観や派手な色彩の建物は建てない」ということで合意した。そこで，その内容の共同契約書を作成し，地区の住民全員が合同で調印した。

　このような契約を法律では債権契約といい，契約書には給付内容が記される。したがって，地域住民は，契約の発効後20年間，その条件を守るよう拘束されることになる。

問．上記の契約発効後，当地区の住民がとるべき行動はどのようなものに分類されるか，次のなかから適切なものを一つ選びなさい。
　ア．作為　　イ．不作為　　ウ．不履行

10 次の文章を読み，問いに答えなさい。

　どちらも大会社の社長を務める伊集院さんと竹之内さんは，昔からの親友である。竹之内さんは，刀剣の収集を趣味としており，伊集院家に代々伝わる名刀が喉（のど）から手が出るほど欲しかった。ところが，伊集院さんは，その家宝の名刀だけはいくら親友の竹之内さんの頼みといえども譲るわけにはいかなかった。

　ちなみに，竹之内さんはヘビースモーカーで，1年程前肺癌（はいがん）の手術をしたにもかかわらず煙草（たばこ）がやめられず，伊集院さんは日頃からそのことを大変心配していた。

　以下は久し振りに会った二人の会話である。

　　伊集院「何だ，まだ煙草吸ってんのか。命が惜しくないのかよ」
　　竹之内「うるさい。お前があの名刀を譲ってくれないから俺は悲しくて煙草を吸ってんだ」
　　伊集院「わかったわかった。それじゃ煙草を完全にやめたらお前に譲渡しよう」
　　竹之内「本当か。約束だぞ」

　伊集院さんは，心配の余りついつい心にもない約束をしてしまった。もちろん「どうせできるわけがない」と高（たか）を括（くく）った気持ちがまったくなかったわけではない。

問1．下線部の伊集院さんの意思表示は真意ではないが，このような場合を特に何というか，次のなかから適切なものを一つ選びなさい。
　ア．心裡留保　　イ．虚偽表示　　　ウ．錯誤による意思表示

問2．下線部の伊集院さんの意思表示は，どのような法律効果をもつか，次のなかから適切なものを一つ選びなさい。
　ア．竹之内さんは善意・無過失だが，このような真意でない意思表示はすべて無効であり，初めから効力をもたない。
　イ．竹之内さんは善意・無過失だが，二人の間の約束は単なる口約束なので，伊集院さんはこの意思表示をいつでも取り消すことができる。
　ウ．竹之内さんは善意・無過失なので，この意思表示は原則として有効であり，表示どおりの効力が生じる。

問3．下線部の伊集院さんの意思表示には条件または期限が含まれているが，これを特に何というか，次のなかから適切なものを一つ選びなさい。
　ア．停止条件　　イ．解除条件　　ウ．不確定期限　　エ．確定期限

11 次の文章を読み，問いに答えなさい。

㈱山兼米穀では，長野茂雄が販売部長，嶋村克也が購買部長となっている。したがって，米の買い付け（仕入れ）は嶋村購買部長の担当となっているが，長野販売部長は，これまでもよい話を聞きつけると自分の一存で売買契約を締結し，仕入活動も積極的に行ってきた。そして，いわゆる結果オーライということで，これまでは何の問題も生じてこなかったが，今年就任したばかりの新社長は，二人を呼んで職務の分担を厳守するよう言い渡した。

ところが，(a)長野販売部長は，これまでどおり自分の一存で，以前から取引のあった新潟県のS農協と1億4千万円の新米を買い付ける青田買い契約（先物契約）を締結してしまった。それからおよそ1か月が経過し，契約を履行する期日が近づいたが，その間新潟県地方を二つの大型台風が通過したため，買い付けを予定していた新米は打撃を受け，満足のいく品質には育たなかった。

この事態に対して新社長は，長野販売部長を懲戒解雇するとともに，(b)S農協に対して，長野販売部長にはもともと売買契約を締結するための代理権が与えられていなかったということを理由に，契約の無効を主張した。

> ───　資　　　料───
> 民法第109条　「第三者に対して他人に代理権を与えた旨を表示した者は，その代理権の範囲内においてその他人が第三者との間でした行為について，その責任を負う。ただし，第三者が，その他人が代理権を与えられていないことを知り，又は過失によって知らなかったときは，この限りでない。」
> 民法第110条　「前条第一項本文の規定は，代理人がその権限外の行為をした場合において，第三者が代理人の権限があると信ずべき正当な理由があるときについて準用する。」
> 民法第112条　「他人に代理権を与えた者は，代理権の消滅後にその代理権の範囲内においてその他人が第三者との間でした行為について，代理権の消滅の事実を知らなかった第三者に対してその責任を負う。ただし，第三者が過失によってその事実を知らなかったときは，この限りでない。」
> 民法第113条　「代理権を有しない者が他人の代理人としてした契約は，本人がその追認をしなければ，本人に対してその効力を生じない。」

問1．下線部(a)の長野販売部長の行為は一種の無権代理であるが，このような場合を特に何というか，漢字2文字を補って正しい用語を完成させなさい。

問2．下線部(b)の新社長の主張はどのように扱われるか，また，この売買契約はどうなるか，次のなかから適切なものを一つ選びなさい。

ア．民法第110条の規定が適用されるので，新社長の主張は通用しない。したがって，この契約は有効であり，㈱山兼米穀は，契約どおりに米を引き取り，代金を支払わなければならない。

イ．民法第112条の但し書きの規定が適用される。すなわち，S農協の側に新社長の就任を考慮に入れなかったという過失があるため，㈱山兼米穀は責任を免れ，新社長の主張は認められる。したがって，この契約は無効である。

ウ．民法第113条の規定が適用されるので，新社長の主張は認められる。つまり，㈱山兼米穀の側は追認しないわけだから，この契約は無効であり，米の引き取りと代金の支払いの義務は生じない。

12 次の文章を読み，問いに答えなさい。

　私たちの日常生活において最も一般的な契約は売買である。この売買について，民法第555条は「…(a)当事者の一方がある財産権を相手方に移転することを約し，相手方がこれに対してその代金を支払うことを約することによって，その効力を生ずる」と規定している。そして，この(b)売買により，目的物の所有権が売り手から買い手に移転することになるのであるが，その時期は，原則として売買契約が成立したときとされている（民法第176条）。

　ところが，割賦販売においては，契約が成立し，目的物である商品が顧客に引き渡されれば，顧客はそれを使用・収益することができるのであるが，(c)その所有権は，原則として賦払代金の完済までは業者側にあるものと推定される（割賦販売法第7条）。つまり，これによって業者側の代金債権が担保されるのである。

問1．下線部(a)の民法第555条の規定から，売買はどのような契約として分類されるか，次のなかから適切なものを一つ選びなさい。
　ア．有償・双務・付合契約　　イ．有償・双務・要物契約　　ウ．有償・双務・諾成契約

問2．下線部(b)の記述を，目的物が動産である場合と不動産である場合に分けて述べると，どのようになるか，次のなかから適切なものを一つ選びなさい。
　ア．売買による目的物の所有権移転の時期は，動産では原則どおり，契約が成立したときであるが，不動産の場合には例外として登記が完了したときである。
　イ．売買による目的物の所有権移転の時期は，不動産では原則どおり，契約が成立したときであるが，動産の場合には例外としてその引き渡しが行われたときである。
　ウ．売買による目的物の所有権移転の時期は，特約がない限り，動産・不動産を問わず，契約が成立したときである。

問3．下線部(c)に記されているような代金債権担保の方法を何というか，正しい用語を記入しなさい。

13 次の文章を読み，問いに答えなさい。

　　渡嘉敷堂と泉津屋はともに老舗の古美術商であり，代々，商品を融通し合って仲よく商売を続けてきた。

　　ある日，渡嘉敷堂は，客から古伊万里の壺を注文された。しかし，あいにく適当な在庫がなかったので，いつものように泉津屋に頼んで探してもらうことにした。それから数日後，(a)泉津屋の6代目店主が，指定されたとおりの壺を携えて渡嘉敷堂に現れた。そして，「小切手でもよいから，今すぐに代金360万円を支払ってくれれば，この壺を引き渡してもよい」と言う。ところが，渡嘉敷堂の店主が代金の後払いを強く求めたため，泉津屋は壺を店へ持ち帰ってしまった。

　　店に帰った泉津屋の6代目が，事の次第を5代目（前の店主）に話すと，5代目は，「古くからの付き合いなんだから，1週間だけ待ってやれ」という。そこで，6代目は，再び渡嘉敷堂へ行って壺を引き渡し，1週間後の代金支払いを確約させた。

　　しかし，渡嘉敷堂は約束を守らなかった。すなわち，再三にわたる泉津屋の催促にもかかわらず，渡嘉敷堂が支払いにやってきたのは，約束の期日（引き渡しの1週間後）からちょうど3か月が経った日であった。(b)これに業を煮やした泉津屋の6代目は，渡嘉敷堂に対して，代金の360万円に加え，その支払いが遅れた期間に見合う利息の支払いも請求した。

問1．下線部(a)において，壺を持ち帰った泉津屋の6代目店主は，結果としてどのような権利に基づいていたか，次のなかから適切なものを一つ選びなさい。
　　ア．双務契約における同時履行の抗弁権
　　イ．法定担保物権としての商事留置権
　　ウ．債権の対外的効力としての詐害行為取消権

問2．下線部(b)における利息はいくらと計算されるか，答えなさい。

14 次の文章を読み，問いに答えなさい。

　　会社員の石渡享三は今年で28歳になる。彼は，学生時代から八王子市の松田さん宅に間借りをしていたが，このたび，結婚するのを機会に，松田さんから直接土地を借り，そこに家を建てて住むことにした。何分にも(a)二人は親子のような関係にあったので，土地の賃貸借契約については，とにかく貸す意思と借りる意思を確認し，地代の金額とその支払方法について取り決めただけだった。

　　その後，住宅も無事に完成し，５年の歳月が経過した。この間，地主の松田さんが亡くなり，一人娘の奈美絵さん（45歳）がその跡を継いだのであったが，不幸なことに奈美絵さんは石渡の家族が嫌いで，何かと意地悪をしてきた。そして，とうとう石渡の妻が日頃の奈美絵さんの仕打ちに堪えられなくなり，仕方なく石渡は自分の家を友人の反町さんに売って，その資金で近くに建設中の(b)定期借地権付きマンションを購入する決意をした。

　　ところが，石渡がその話を奈美絵さんにすると，奈美絵さんは「あなたが自分の家を売るのは勝手ですが，借地権の譲渡は認めませんから…」と言う。地代も今までの２倍以上になることから，奈美絵さんにとっても決して悪い話ではないのに，彼女は意地を張っていた。そこで，石渡は仕方なく，借地借家法第19条の規定に基づき，　　　　　に申し立てを行い，借地権の譲渡について地主（奈美絵さん）の承諾に代わる　　　　　の許可を得て，自分の家を反町さんに売却してしまった。

　　こうして(c)石渡の家を購入し，同時に賃借権の譲受人となった反町さんは，事情をよく知らないまま，地主の奈美絵さんのところへ挨拶に行った。すると奈美絵さんは「私は借地権の譲渡を承諾した覚えはない」とあくまでも言い張り，土地の明け渡しを要求してきた。

問１．文中の　　　　　に共通して入る機関は何か，その名称を記入しなさい。

問２．下線部(a)に示されている土地の賃貸借契約により，石渡享三が得た借地権の存続期間は何年か，次のなかから適切なものを一つ選びなさい。
　　ア．10年　　　イ．20年　　　ウ．30年　　　エ．40年　　　オ．50年

問３．下線部(b)が設定できる最短の存続期間は何年か，次のなかから適切なものを一つ選びなさい。
　　ア．10年　　　イ．20年　　　ウ．30年　　　エ．40年　　　オ．50年

問４．下線部(c)の状況において，反町さんにはどのような請求権が認められるか，次のなかから適切なものを一つ選びなさい。
　　ア．地主の奈美絵さんに対して，石渡から購入した建物を時価で買い取るよう請求する権利。
　　イ．地主の奈美絵さんに対して，代わりの借地の斡旋と石渡から購入した建物の移築費用を請求する権利。
　　ウ．建物を売った石渡に対して，建物の買い戻しと損害の賠償を請求する権利。

15 次の文章を読み，問いに答えなさい。

　　小さな会社を経営する古田氏は，今から12年程前，親友の高津氏が自宅を新築するに及んで資金が足りないというので，気前よく現金500万円を融通した。そのとき彼は，条件として「きちんと利息を6か月ごとに20万円ずつ支払ってくれれば，元金の返済はいつでもいいよ」といい，高津氏の方もその条件を承諾したので，二人はこの合意内容を書面に残した。しかしその後，古田氏は，会社の経営が順調で，経済的にも恵まれていたので，元金の返済はおろか利息も支払おうとしない高津氏に，一度も催促しなかった。

　　ところが，古田氏の会社は昨年あたりから経営不振に陥（おちい）り，資金繰りに窮するようになった。そこで，彼は，藁（わら）をも掴（つか）む気持ちで高津氏のところへ行き，12年前の貸し金500万円の返済を求めたのだが，簡単に拒否され，仕方なく訴訟を起こした。これに対して(a)高津氏は時効の成立を主張し，裁判所がその主張を取り上げたので，結局，古田氏は敗訴した。

　　しかし，古田氏も必死だった。彼は再び弁護士のところへ行き，(b)「元金の500万円は確かに時効にかかってしまっているので諦（あきら）めるが，合計で500万円以上にのぼる利息のほとんどは，まだ時効にかかっていないはずだ。再び裁判を通してその支払いを要求したらどうなるだろうか」と相談した。

問1．下線部(a)の高津氏の行為を何というか，漢字2文字を補って正しい用語を完成させなさい。

問2．下線部(a)と(b)に記されている時効の種類は何か，漢字2文字を補って正しい用語を完成させなさい。

問3．下線部(b)の古田氏の相談は，どのように考えられるか，次のなかから適切なものを一つ選びなさい。

　ア．12年前に合意した条件の利息額が，利息制限法の規定する最高限度額を超えているので，その超過部分は最初から減額されるだろう。しかし，貸し金の利息は，原則として時効にかからないので，支払い要求額の大部分は認められるはずである。

　イ．時効の遡及（そきゅうこう）効により，古田氏は，元金の返済を受ける権利を12年前にさかのぼって失っている。したがって，その後に発生した利息についても，受け取る権利を一切失っているので，利息の支払い要求はまったく認められないだろう。

　ウ．この場合，元金の時効は10年間で完成しているが，利息の大部分は発生してから10年に満たない。したがって，古田氏が主張するように，利息の大部分はまだ時効にかかっておらず，支払い要求額の大部分は認められるはずである。

16 次の文章を読み，問いに答えなさい。

　民法第239条〔無主物の □ 〕の規定によれば，野生の鳥や獣，魚や貝，木の実など，持ち主のいないものを捕獲または採取した場合には，その所有権は原則として捕獲（採取）者が取得する。これは，捨ててある物を拾った場合にも当てはまる。

　Y市に住む辰吉さん宅の隣には，20坪程の土地に古い家が建っており，そこには身寄りのない玄三郎老人がたった一人で暮らしていた。ところがある日，玄三郎さんは，突然の心臓発作に見舞われ，敢えなく亡くなってしまった。数日後，回覧板を持参した辰吉さんは，玄三郎さんの死に気づき，すぐに警察へ通報した。そして，警察による検死の後，辰吉さんはこれも隣家の誼と考え，玄三郎さんの亡骸を丁重に葬り，無縁仏として弔った。そして，半月ばかりが過ぎ，少し気持ちが落ちついてみると，玄三郎さんが残した土地には所有者も相続人もいないことに気がついた。そこで辰吉さんは，早速この土地に柵を施し，自らの所有権を主張した。

問1．文中の □ に入る用語は何か，漢字2文字で記入しなさい。

問2．下線部に記されている辰吉さんの主張はどうなるか，次のなかから最も適切なものを一つ選びなさい。

　ア．肉親でもないのに，玄三郎さんの亡骸を葬り弔った辰吉さんではあるが，民法第239条第2項には，持ち主のいない不動産は国のものとなると規定されており，彼の主張は通用しない。したがって，彼はこの土地の所有権をまったく取得することができない。

　イ．肉親でもないのに，玄三郎さんの亡骸を葬り弔った辰吉さんに対しては，民法第240条〔遺失物の拾得〕の規定が準用され，彼の主張は認められる。つまり，玄三郎さんの死後，所定の手続きを経て3か月が過ぎれば，彼はこの土地の所有権を取得する。

　ウ．肉親でもないのに，玄三郎さんの亡骸を葬り弔った辰吉さんに対しては，民法第241条〔埋蔵物の発見〕のただし書きの規定が準用され，彼の主張の一部が認められる。つまり，玄三郎さんの死後，所定の手続きを経て6か月が過ぎれば，彼とY市が半分ずつの割合でこの土地の所有権を取得する。

17 次の文章を読み，問いに答えなさい。

　　宇田さんと横山さんの家は，急傾斜地を切り拓いた住宅地に隣り合って建っている。すなわち，宇田さん宅の北側は，高さ7m程の崖となっており，その崖の上に横山さんの家が建っている。そして，長い間，宇田さんは，大雨が降るたびにその崖がこちらへ崩れてくるのではないかと心配しながら暮らしてきた。

　　思いあぐねた宇田さんは，ある日，市役所に相談に行き，調査を依頼したところ，案の定その危険性を書面で指摘された。そこで，意を決して横山さんにその書面を提示しながら，(a)「お宅の土地になっている崖が，こちらへ崩れてきそうなので，早急に保全措置を講じてください」と申し入れた。これに対して横山さんが拒否の姿勢を示したので，宇田さんは裁判所に訴えて判決をもらい，再度，同様の申し入れを行った。

　　それから半年余りが経過したが，横山さんは何の動きも見せない。(b)仕方なく宇田さんは，先の判決に基づく強制執行を裁判所に依頼し，実行してもらった。つまり，適当な土木業者に崖の保全工事をやらせ，その費用を横山さんから強制的に取り立ててもらったのである。

問1．下線部(a)はどのような根拠に基づく申し入れか，次のなかから適切なものを一つ選びなさい。
　　ア．妨害予防請求権に基づく申し入れ
　　イ．相隣関係の規定に基づく申し入れ
　　ウ．過失責任の原則に基づく申し入れ

問2．下線部(b)に記されている強制執行を特に何というか，次のなかから適切なものを一つ選びなさい。
　　ア．直接強制　　イ．代替執行　　ウ．間接強制

18 次の文章を読み，問いに答えなさい。

　鈴木君は，昼食をとるために，同僚の佐藤さんと高橋君とともにファミリーレストランに入った。そして，鈴木君が980円のサービスランチを，佐藤さんが850円のスパゲティナポリタンを，高橋君が1,280円のスペシャルランチを注文し，食べはじめると，高橋君のスマートフォンが鳴り出した。得意先から呼び出された彼は，早々に食事を済ませ，「悪いな，1万円札しかないんだ。だれか払っといて」と言い残して出て行ってしまった。

　残った二人はゆっくりと昼食を済ませ，鈴木君が支払伝票を持って出口のところへ行き，自分の分だけを支払おうとすると，店員が「恐れ入りますが，ご会計はどなたかお一人がまとめてお願い致します」という。しかし，2,000円しか持ち合わせのない鈴木君は，とりあえず佐藤さんに全額支払ってもらい，そのすぐ後で自分の分は返したが，高橋君の分はどうなったのかわからない。

問．文中の支払いの場面で，鈴木君と佐藤さんがそれぞれ負っていた債務を特に何というか，下線部の店員の言葉を参考にし，漢字2文字を補って正しい用語を完成させなさい。

19 次の文章を読み，問いに答えなさい。

丸東興業㈱は，バブル経済が華やかなりし頃，社有地(当時の時価評価額300億円)を担保にするなどして，複数の金融機関から資金を借り入れ，積極的な事業展開を試みた。

ところが，最近の不況により経営が極度に悪化し，運転資金の調達にも行き詰まってしまった。しかも，社有地の評価額も，地価の下落により，バブル経済時の3分の1の100億円にまで下がっている。こうした事態に対して，同社の経営陣は，「もはやこれまで」ということで，自主解散を決意した。

なお，以下の資料は，同社の解散時のものである。
(1) 資産換金処分額(社有地を除く)50億円
(2) 資本金(株主から集めた出資金)50億円
(3) 仕入先に対する買掛金の総額40億円
(4) 社員への未払給料の総額30億円
(5) 関連会社である㈱丸東物流からの無担保借入金20億円
(6) 社有地を担保にした借入金の総額120億円(内訳は下表のとおり)

借入年月	金融機関名	借入金額	抵当権
198X年4月	A 都 市 銀 行	50億円	一番抵当
10月	B 信 用 金 庫	40億円	二番抵当
11月	C ファイナンス	30億円	三番抵当

注) 抵当権の設定後，その順位には変更がなかった。

問1．上記の(2)から(5)のうち，(1)の資産換金処分額50億円のなかから，その全額が償還または弁済されるのはどれか，番号で答えなさい。

問2．上記の(6)の表にある三つの借入金は，いずれも社有地を担保としているが，その抵当権に付けられている優先順位は，どのような基準によるものか，次のなかから適切なものを一つ選びなさい。
ア．借り入れが行われた順に設定されたものである。
イ．金融機関の規模が大きい順に設定されたものである。
ウ．借入金額の多い順に設定されたものである。
エ．抵当権の登記が行われた順に設定されたものである。

問3．上記の(6)の表に示されているCファイナンスからの借入金30億円には，全体でいくらの返済がなされるか，次のなかから適切なものを一つ選びなさい。
ア．社有地を売却した100億円のなかから10億円が返済されるだけである。
イ．社有地を売却した100億円のなかから10億円，資産を換金処分した50億円のなかから5億円，合計で15億円が返済される。
ウ．社有地を売却した100億円のなかから10億円，資産を換金処分した50億円のなかから20億円，合計で30億円，すなわち全額が返済される。

選択問題 I 〔会社に関する法〕

1　次の文章を読み，問いに答えなさい。

　S大学教授の甲と画商の乙は，長年の取引関係にある。そのため，(a)甲は，乙を信頼して絵画の買い付けを依頼し，その資金として，「100万円以下なら，いくらの金額を記入してくれてもいいよ」と言いながら，「手形金額」と「受取人」とが未記入の約束手形を振り出した。ところが，乙は，これに500万円と勝手に記入し，自分の会社の仕入代金として丙に渡してしまった。丙は，これをさらに丁に裏書譲渡した。

　後日，(b)その手形の満期日を迎え，丁は，甲に手形金額の支払いを請求したが，拒絶されたので，仕方なく，その支払いを丙に請求した。思いがけない請求を受けた丙は，あわてて弁護士に相談したが，「手形法第7条および第77条第2項の規定により，とりあえずこれに応じなければならない」と言われた。

> ──資　料──
>
> 手形法第7条【手形行為 ☐☐ の原則】
> 　為替手形に手形債務の負担に付き行為能力なき者の署名，偽造の署名，仮設人の署名又は其の他の事由に因り為替手形の署名者若は其の本人に義務を負はしむること能はざる署名ある場合と雖も他の署名者の債務は之が為其の効力を妨げらるることなし
>
> 同　法　第77条【為替手形の規定の準用】第2項
> 　……，第7条に規定す条件の下に為されたる署名の効果，……に関する規定も亦之を約束手形に準用す

問1．文中の ☐☐ に入る用語は何か，漢字2文字で記入しなさい。

問2．下線部(a)に記されているような約束手形を何というか，また，この場合，甲の手形上の債務はどうなるか，次のなかから適切なものを一つ選びなさい。
　ア．白地手形といい，甲には500万円の手形上の債務が生じる。
　イ．不完全手形といい，甲には100万円の手形上の債務が生じる。
　ウ．瑕疵手形といい，甲には手形上の債務は生じない。

問3．下線部(b)の丁による丙に対する手形金額の支払請求を何というか，次のなかから適切なものを一つ選びなさい。
　ア．示談　　イ．求償　　ウ．遡求

2 次の文章を読み，問いに答えなさい。

　　総合スーパー最大手の(a)リオンが，44.15％を出資するハイエーを完全子会社にする方向で調整していることがわかった。ハイエーは来春にも上場廃止になる可能性がある。リオンは経営不振が続くハイエーへの関与を強め，リオングループのスーパー事業とともに再編する。

　　関係筋によると，(b)リオンは，ハイエーの株主にリオン株を割り当て，自らはハイエー株を取得するという方法で完全子会社化することを検討している模様だ。リオンに次ぐ株主の総合商社丸高（4.99％出資）などとも協議し，年内にも最終決定したい考えだ。

問1．下線部(a)はどのようにして行われるか，次のなかから適切なものを一つ選びなさい。

　　ア．リオンが，丸高などの大株主と事前に協議し，合意して，ハイエーの株主総会で了承を取り付けることで行われる。

　　イ．リオンが，さらに5.85％を超えるハイエー株を取得し，ハイエーの発行済株式総数の過半数を所有することで行われる。

　　ウ．リオンが，さらに残りのハイエー株55.85％を取得し，ハイエーの発行済株式総数のすべてを所有することで行われる。

問2．下線部(b)に記述されている完全子会社化の方法を何というか，漢字2文字を補って正しい用語を完成させなさい。

選択問題Ⅱ〔企業の責任と法〕

1　次の文章を読み，問いに答えなさい。

　みなさんは，何か悪いことをしたとき，親や先生などから「言い訳をするんじゃない」といわれたことがありませんか。ところが，企業には，経営や事業活動において違法な行為を行ったり，社会倫理に反する不祥事を引き起こしたりした場合には，その原因をはじめ，事件の経緯や事実関係などの情報を公表する責任があります。そして，それが曖昧であったり，利害関係人の疑念を呼ぶようなものであったり，さらには企業側が居直ったような態度をとったりすると，その立場はますます悪くなり，解決への道は遠のいてしまいます。

　問．下線部に記述されている「責任」を何というか，次のなかから適切なものを一つ選びなさい。
　　ア．コンプライアンス（compliance）
　　イ．アカウンタビリティ（accountability）
　　ウ．コーポレート・ガバナンス（corporate governance）

2 次の文章を読み，問いに答えなさい。

　　紛争を予防するには，公正証書を作成しておくとよい。これは公証人により厳格な手続きに従って作成され，真正に成立した公文書と推定されるので，強い　①　を持っている。したがって，当事者は，その記載についてはほとんど争うことができない。

　　紛争が生じた場合には，民事訴訟を起こしてその解決を図ることもできるが，それには長い時間と手間，費用がかかる。そこで，それを避ける方法として，次の3つの制度がある。

　(1)　当事者が譲りあって紛争を解決することを約束する契約を結ぶ方法で，一般に示談と称される制度。

　(2)　家庭裁判所内に置かれた委員会が当事者の間に入り，双方の意見を聞いたうえで譲歩を引き出し，適当と考える解決策を作成・提示して，合意させる制度。

　(3)　紛争を解決するため，当事者の合意によって第三者を選任し，その判断に従うことを双方が約束して，解決策を得る制度。

　　これらの制度の活用が難しい場合や，これらの制度では解決が図れなかった場合には，民事訴訟を提起することになる。その手順は，「原告による訴状の提出」⇒「裁判所による訴状の送達」⇒「被告による答弁書の提出」⇒「　②　の開催」⇒「判決の言い渡し」というものである。また，訴える金額に見合った費用と時間で紛争の適正かつ迅速な解決を図るため，少額訴訟の制度がある。これは，簡易裁判所において1回の　②　で審理を終了し，ただちに判決の言い渡しをすることを原則とする訴訟手続きである。

問1．文中の　①　に入る用語の組合せは何か，次のなかから最も適切なものを一つ選びなさい。
　ア．対抗力や公信力　　イ．対抗力や証明力　　ウ．公信力や証明力

問2．文中の　②　に共通して入る用語は何か，漢字4文字で正しい用語を記入しなさい。

問3．文中の(1)・(2)・(3)の制度をそれぞれ何というか，次のなかから適切な組み合わせを一つ選びなさい。
　ア．(1)仲裁・(2)和解・(3)調停
　イ．(1)和解・(2)調停・(3)仲裁
　ウ．(1)調停・(2)仲裁・(3)和解

問4．下線部はどのような案件(事件)に適用されるか，次のなかから適切なものを一つ選びなさい。
　ア．訴える金額が60万円以下の金銭の支払請求を目的とする事件。
　イ．訴える金額が140万円以下の金銭の支払請求を目的とする事件。
　ウ．訴える金額が60万円以下の金銭の支払請求や物品の返還請求などを目的とする事件。
　エ．訴える金額が140万円以下の金銭の支払請求や物品の返還請求などを目的とする事件。

第3回
商業経済検定模擬試験問題
〔経済活動と法〕

解答上の注意

1. この問題のページはp.74からp.92までです。

2. 解答はすべて解答用紙(p.129)に記入しなさい。

3. 文字または数字で記入するもの以外はすべて記号で答えなさい。

4. 選択問題Ⅰ〔会社に関する法〕・選択問題Ⅱ〔企業の責任と法〕は2分野のうち1分野を解答すること。2分野を解答した場合は,選択問題すべてを無効とします。

5. 計算用具や六法全書などの持ち込みはできません。

6. 制限時間は50分です。

1 次の文章を読み，問いに答えなさい。

　　法律とは，国家の法全体をさしていうこともあるが，普通は，国会の議決によって成立する法のことをいう。これに対して，国会以外の一定の国家機関が制定する法を(a)命令と呼ぶ。これも国家の法である点では法律と同じであるが，法律に反することを定めたり，法律を改廃したりすることはできない。

　　また，(b)内閣が他の国家との間で文書による協定を結び，それを事前または事後に国会が承認するという場合があるが，こうしてできたものを(c)条約という。

問1．下線部(a)は，主にどのような場合に発せられるか，次のなかから適切なものを一つ選びなさい。
　　ア．法律と比べると制定の手続きが容易なので，国家による迅速な対応が必要な場合に，しばしば法律に代わって発せられる。
　　イ．法律と異なり，国会での審議が必要ないので，事前に内容が漏れると不都合な場合に，しばしば法律に代わって発せられる。
　　ウ．法律と異なり，一定の国家機関が独自に制定できるので，国会での可決が得られにくい場合に，しばしば法律に代わって発せられる。

問2．下線部(b)の手続きを何というか，次のなかから適切なものを一つ選びなさい。
　　ア．加盟　　イ．批准　　ウ．採択

問3．下線部(c)は，法としてどのような性格をもっているか，次のなかから適切なものを一つ選びなさい。
　　ア．あくまでも国際法であり，それが国内で公布・施行されることはなく，国民とはまったく無関係である。
　　イ．あくまでも国際法であり，それが公布・施行されても国内では効力をもたず，国民を規律することはない。
　　ウ．本来は国際法であるが，それが公布・施行されると国内法としての効力をもち，国民を規律することになる。

2 　次の文章を読み，問いに答えなさい。

　　窓ガラスを壊して他人の留守宅に忍び込み，現金や貴金属などを盗み取る行為を「空き巣ねらい」
という。そのようなことをすれば当然，刑法の規定に基づいて警察に逮捕され，窃盗罪で10年以下
の懲役に処せられる。しかし，壊された窓ガラスや処分されてしまった現金・貴金属などの弁償に
ついては，警察は一切関与しない。それについては，被害者が民法の規定に基づいて裁判所に訴え，
加害者に損害の賠償を請求することになる。要するに，刑法は(a)権力（国家または地方公共団体）と
国民との間の関係を規律し，事件への警察の介入を可能にする法律であるが，民法は(b)国民同士の
関係を規律し，被害者と加害者との間などの権利と義務を明確にする法律なのである。

　　ところが，資本主義経済の進展とともに，(c)刑法が果たしているような役割と民法が果たしてい
るような役割を合わせ持つ法律がみられるようになった。例えば労働基準法である。労働問題は本
来，雇い主と労働者という当事者同士の意思で解決が図られるべきものであるが，あえて同法によ
り，最低の労働条件が規定され，かつ，その順守を確保するため，労働基準監督署など，公的な監
督機関の設置が規定されているのである。

問1．下線部(a)の役割をもつ法律を総称して何というか，また，それには刑法以外にどのような法
　　律があるか，次のなかから適切なものを一つ選びなさい。
　　ア．そのような法律を公法といい，それには所得税法や公職選挙法などがある。
　　イ．そのような法律を強行法といい，それには軽犯罪法や道路交通法などがある。
　　ウ．そのような法律を手続法といい，それには刑事訴訟法や不動産登記法などがある。

問2．下線部(b)の役割をもつ法律を総称して何というか，また，それには民法以外にどのような法
　　律があるか，次のなかから適切なものを一つ選びなさい。
　　ア．そのような法律を私法といい，それには民事訴訟法や民事執行法などがある。
　　イ．そのような法律を私法といい，それには商法や借地借家法などがある。
　　ウ．そのような法律を任意法といい，それには民事訴訟法や民事執行法などがある。
　　エ．そのような法律を任意法といい，それには商法や借地借家法などがある。

問3．下線部(c)を総称して何というか，漢字4文字を補って正しい用語を完成させなさい。

問4．問3に関連して，下線部(c)には，労働基準法のほかにどのような法律があるか，次のなかか
　　ら適切なものを一つ選びなさい。
　　ア．独占禁止法　　　イ．消費者契約法　　　ウ．特定商取引法

問5．下線部(c)が登場したのはなぜか，次のなかから適切なものを一つ選びなさい。
　　ア．本来，経済の分野では効率が重要とされているが，それが行き過ぎたため，国家や地方公共
　　　団体の干渉によってゆとりを取り戻す必要性が生じたから。
　　イ．本来，経済の分野は国民に任せるべきとされているが，税収が落ちたため，国家や地方公共
　　　団体の干渉によって景気を刺激する必要性が生じたから。
　　ウ．本来，経済の分野は自由であるべきとされているが，そこに不平等が生じ，国家や地方公共
　　　団体の干渉によって弱者を保護する必要性が生じたから。

③　次の文章を読み，問いに答えなさい。

　　権利とは，他人にある行為を求めることや自分がある行為をすることが，法律上できるとされる
資格をいう。これに対し義務とは，他人に対してある行為をしなければならないとか，してはなら
ないといった法律上の拘束をいう。そして，両者は表裏一体の関係にあり，私たちの社会生活は，
この関係で成り立っている部分が多い。

問１．下線部を何というか，文中の記述を検討して次のなかから適切なものを一つ選びなさい。
　　ア．法律関係　　　イ．社会関係　　　ウ．利益関係

問２．下線部は具体的にどのようなものか，文中の記述を検討して次のなかから適切なものを一つ
　　選びなさい。
　　ア．交差点を青信号で渡っている老人とそこで信号待ちをしている自動車の運転手との関係
　　イ．雨が降り出したことを伝えた隣人とそれを聞いて慌てて洗濯物を取り込んだ女性との関係
　　ウ．駅前でちらしを配っている若者と黙ってそれを受け取った通行人との関係

第３回模擬

4 次の文章を読み，問いに答えなさい。

日常生活において，「役員」という言葉を見聞きすることがある。例えば，選挙公報などには，次のような立候補者のプロフィールが掲載されていたりする。

〔松下門真〕
□○党公認・○×党推薦　1953年生まれ
大阪府在住　西洋大学法学部卒
都市銀行入社　その後退社して起業
現在，(a)会社役員

〔佐渡登紀子〕
△○党公認　1964年生まれ　新潟市在住
レーモンド大学大学院卒　MBA取得
帰国後，経営評論家として活躍
現在，(b)団体役員

また，身近なところでは，あなたの学校にも(c)PTA役員や(d)生徒会役員がいるだろうし，地元の町や団地には(e)自治会役員がいるだろう。ところで，(f)この役員というのは，一体，どのような役回りなのであろうか。

問1．下線部(a)の一部として記されている「会社」とは，どのような組織か，次のなかから適切なものを一つ選びなさい。
　ア．公益法人に分類される株式会社のことである。
　イ．特殊法人に分類される持分会社のことである。
　ウ．営利法人に分類される株式会社または持分会社のことである。

問2．下線部(b)の一部として記されている「団体」とは，どのような組織か，次のなかから最も適切なものを一つ選びなさい。
　ア．公法人に分類される公共団体のことである。
　イ．一般法人の中の公益社団法人または公益財団法人のことである。
　ウ．一般社団法人と一般財団法人からなる一般法人のことである。

問3．下線部(a)と(b)は，法律的には何と称されているか，次のなかから最も適切なものを一つ選びなさい。
　ア．(a)は取締役，(b)は理事と称されている。
　イ．(a)は取締役，(b)は幹事と称されている。
　ウ．(a)・(b)どちらも取締役と称されている。

問4．下線部(c)・(d)・(e)のような組織を何というか，次のなかから適切なものを一つ選びなさい。
　ア．権利能力のない社団　　イ．意思能力のない社団　　ウ．行為能力のない社団

問5．下線部(f)の疑問に答えたい。次のなかから最も適切な回答を一つ選びなさい。
　ア．当該組織において，活動の基本方針を決める意思決定機関である。
　イ．当該組織において，全体の仕事を取り仕切る業務執行機関である。
　ウ．当該組織において，外部に対して全体を代表する代表機関である。

5 次の文章を読み，問いに答えなさい。

　物とは，一体何なのか。民法第85条では「この法律において「物」とは，有体物をいう。」と規定されている。しかし，刑法は，第235条で「他人の財物を窃取した者は，窃盗の罪とし，十年以下の懲役に処する。」とし，同じ章の第245条で「この章の罪については，電気は，財物とみなす。」と規定している。したがって，電気も盗めば窃盗の罪となる。

　また，一般的には，「物とは，経済生活に役立ち，しかも人間が自由に使用し，取引することができるもの」というように解釈されている。

問1．民法第85条の規定によると，物について具体的にどのようなことがいえるか，次のなかから適切なものを一つ選びなさい。

　　ア．労働力は物とされるが，人間や土地は物とされない。
　　イ．人間は物とされるが，土地や労働力は物とされない。
　　ウ．土地は物とされるが，労働力や人間は物とされない。

問2．民法第85条の規定は，刑法第245条によってどのように解釈されているか，また，一般的にはどうか，次のなかから適切なものを一つ選びなさい。

　　ア．民法第85条の規定は，刑法第245条によって拡張解釈され，一般的にはさらにそれが進められている。
　　イ．民法第85条の規定は，刑法第245条によって縮小解釈され，一般的にはさらにそれが進められている。
　　ウ．民法第85条の規定は，刑法第245条によって拡張解釈されているが，一般的には縮小解釈されている。
　　エ．民法第85条の規定は，刑法第245条によって縮小解釈されているが，一般的には拡張解釈されている。

問3．文中の一般的な解釈によると，物について具体的にどのようなことがいえるか，次のなかから適切なものを一つ選びなさい。

　　ア．日照権の認められた陽射しも，眺望権の認められた景色も，いずれも物とはされない。
　　イ．日照権の認められた陽射しは物とされるが，眺望権の認められた景色は物とされない。
　　ウ．日照権の認められた陽射しや，眺望権の認められた景色は，いずれも物とされる。

6 次の文章を読み，問いに答えなさい。

　鉄道会社に勤める弥五郎叔父さんは，交渉事がとても上手で，いつでもどこでも安くものを買ってくる。昨日も，大型電器店で定価の2割引きになっていた新型パソコンを，「ポイントサービスはいらないから」といって，その分を現金で値引きさせたうえ，さらにプリンターを1台，無料でつけさせた。

　それを見ていた甥の裕二君は，弥五郎に「春休みに友だち二人と京都へ旅行するんだけど，行き帰りの新幹線の運賃や料金がとても高いんだ。三人分だと相当の金額になるんで，少しでも安くなるよう『みどりの窓口』で交渉してくれないかな」と頼んだ。

　これに対して，弥五郎は笑いながら「それはできないよ。鉄道・バスでの運送事業をはじめ，水道・電気・ガスの供給事業や，保険・預金などの金融事業では，事業者は多数の利用者との間で同じ内容の契約を迅速に結ぶ必要があるよね。そのため，<u>定型的な契約内容をあらかじめ決めておいて，それをすべての取引に画一的に適用している</u>んだ。つまり，通常は，一人ひとりの顧客とは交渉をしないことになっているんだよ」と答えた。

問1．下線部のようにして締結される契約を何というか，次のなかから適切なものを一つ選びなさい。
　　ア．付合契約　　イ．典型契約　　ウ．諾成契約

問2．下線部に記されている「定型的な契約内容」を何というか，また，その制定や改定にはどのような手続きが必要か，次のなかから適切なものを一つ選びなさい。
　　ア．定款といい，その制定や改定には，事業体の株主総会などでの決議が必要である。
　　イ．約款といい，その制定や改定には，行政官庁の審査や監督に基づく認可などが必要である。
　　ウ．条款といい，その制定や改定には，事業体の本社などがある都道府県の条例の改正が必要である。

7 次の文章を読み，問いに答えなさい。

　私たちが送る日常生活では，食料品を買う，アパートを借りるなど，いろいろな場で契約が結ばれている。契約は，当事者の一方が「申し込み」の意思表示と，これに対する相手方からの「承諾」する意思表示が合致することで成立する。また，契約を締結するかどうか，契約の相手方を誰にするか，契約内容の決定，契約の形式（口頭だけで契約するか文書を作成するか）について当事者の意思に任されている。これを　　　　　の原則といい，近代社会における法の基本原則の一つになっている。

　　［事例］

　　小林玲子は，商業高校に通う高校1年生である。ビジネス文書実務検定の実技試験合格に向けて，学校の情報処理室で放課後，文書作成の練習に励んでいる。

　　玲子は，技術が思うように上達せず，悩んでいた。そこで，(a)自宅で練習するためのパソコンが欲しいと父親に相談してみた。すると，熱心に語る玲子を見て，父親は，これだけ努力しているのだから買ってあげようと考えた。そこで，(b)父親は「合格に向けて頑張っているようだから練習用にパソコンを買ってあげるよ」と伝えると，玲子は「ありがとう。買ってもらえたらありがたくいただいて，練習に励みます」と返答した。玲子はパソコンを買ってもらったら，父親からの期待に沿うように努力を続けようと思った。

問1．文中の　　　　　に入るものは何か，語句を記入しなさい。

問2．本文の主旨から，下線部(a)を物の分類から判断するとどうなるか，次のなかから正しいものを記入しなさい。

　ア．特定物　　　イ．不特定物　　　ウ．不動産

問3．下線部(b)は，父親から玲子への贈与契約の締結と考えられるが，契約の性質から分類した場合，どのような組み合わせになるか，次のなかから正しいものを一つ選びなさい。

　ア．要物契約・有償契約・双務契約

　イ．要物契約・無償契約・片務契約

　ウ．諾成契約・無償契約・片務契約

第3回模擬

⑧ 次の文章を読み，問いに答えなさい。

　三人の子どもがすべて独立し，妻と二人きりになった熊崎光男は，広すぎる自宅を売却し，手頃なマンションへ引っ越すことにした。幸いなことに自宅の買い手はすぐに見つかり，売買契約を締結し，(a)自宅と土地を熊崎名義から買い手名義とする登記を行った。

　そんなある日，買い手が突然，熊崎宅へやってきて「契約では300㎡あることになっていた土地が，実測してみたら280㎡しかなかった。不足している分の土地について正しい境界線にするか，代金を返金してほしい」と言う。調査の結果，20年前の区画整理の折，隣家との境界線が間違って旧熊崎邸の方へ20㎡食い込んでいたことがわかった。そこで，熊崎はさっそく，隣家の田村にそのことを話し，正しい境界線に戻すよう求めた。熊崎の話を聞いた田村は「たとえ，境界線が間違っていても，(b)20年間，継続して私がこの土地を使用しているため，裁判をすれば時効により私の権利が認められるだろう」と考えた。しかし，田村は，熊崎が引っ越す前，長年，隣人として世話になっていたので，(c)時効による権利の主張を行わず，境界線を正しくすることを承諾した。

問１．本文の主旨から，下線部(a)に記された登記を何というか，次のなかから適切なものを一つ選びなさい。
　　ア．表題登記　　イ．保存登記　　ウ．移転登記

問２．本文の主旨から，下線部(b)で田村が考えている時効を何というか，漢字２文字を補って正しい用語を完成させなさい。

問３．下線部(c)のような主張を何というか，次のなかから適切なものを一つ選びなさい。
　　ア．時効の適用　　イ．時効の援用　　ウ．時効の催告

9　次の文章を読み，問いに答えなさい。

　金銭をはじめ，米・酒・醬油などといった消費物を借りて，それ自体は消費してしまい，代わりに同種・同等・同量のものを返すことを約束する契約を消費貸借という。このうち，(a)金銭の貸借では特約が付けられ，利息付消費貸借として行われることが多い。(b)その場合の利息は，原則として当事者間で利率を決め，それに基づいて支払われることになっているが，当事者間の自由にしておくと，貸し主が借り主から高い利息を取る恐れがあるため，　①　と出資取締法（正式名称「出資の受入れ，預り金及び金利等の取締りに関する法律」）により，利率に次のような上限が設けられている。

【資料1：　①　】

元　　本		上限利息
10万円　②		④
10万円　③ ・100万円　②		年1割8分
100万円　③		年1割5分

【資料2：出資取締法】
　上限利率＝　④

　なお，この二つの上限利率の関係は，資料3のように図示することができ，これまで大きな社会問題となってきた(c)「グレーゾーン金利」の範囲は，今ではかなり狭くなっている。しかも，債務者（借り主）の側に立った高金利の取り締まりも行われている。それらは，出資取締法の上限利率が法改正によって引き下げられたことと，それにともなう措置による。ちなみに，「グレーゾーン金利」とは，この二つの上限利率に挟まれた部分で計算され，取り立てられる金利のことで，　①　では超過利息となるが，出資取締法ではそうならない。

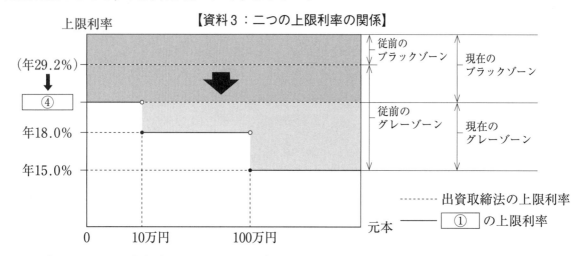

【資料3：二つの上限利率の関係】

　このようにして，消費者金融の上限利率は徐々に引き下げられてきたが，それでも現在，銀行の一般的な定期預金の金利が，1年もので年1％にも遠く及ばないことを考えれば，その金利は決して低くない。したがって，消費者金融は，借り入れの手続きは簡単であっても，気軽に利用すべきものではないといえよう。まして，出資取締法の上限利率さえも無視する「ヤミ金」などには，絶対に手を出してはいけない。

問1．下線部(a)に記されている契約は，いつ成立するか，次のなかから適切なものを一つ選びなさい。
　ア．貸し主と借り主との間で合意がなされたとき
　イ．合意に基づき，借り主が貸し主から金銭を受領したとき
　ウ．合意に基づき，借り主が貸し主に利息を支払ったとき

問2．下線部(b)に記されている利率を何というか，漢字2文字を補って正しい用語を完成させなさい。

問3．文中と資料1・資料3の ① には，共通の法律が入るが，それは何か，正しい名称を記入しなさい。

問4．資料1の ② と ③ にはそれぞれ共通の語が入るが，それは何か，また，100万円の金銭を1年間，貸借する場合，その上限金利はいくらか，これらの解答として，次のなかから正しいものを一つ選びなさい。
ア． ② には「未満」が， ③ には「以上」が入り，上限金利は18万円である。
イ． ② には「未満」が， ③ には「以上」が入り，上限金利は15万円である。
ウ． ② には「以下」が， ③ には「超」が入り，上限金利は18万円である。
エ． ② には「以下」が， ③ には「超」が入り，上限金利は15万円である。

問5．資料1・資料2・資料3の ④ には同一の利率が入るが，それはいくらか，次のなかから適切なものを一つ選びなさい。
ア．年2割・年20%　　イ．年2割1分・年21%　　ウ．年2割5分・年25%

問6．消費者金融の専門業者が下線部(c)の契約をして，それに基づく利息の支払いを要求し，かつ受領した場合，どのようなことになるか，次のなかから適切なものを一つ選びなさい。
ア．業者は，任意に支払われた超過利息の返還に応じる必要はなく，また，特に刑事罰や行政処分が科されることもない。
イ．業者は，受領した超過利息の返還を求められる可能性が高く，しかも，行政処分が下されることになるが，刑事罰が科されることはない。
ウ．業者は，受領した超過利息の返還を求められる可能性が高く，しかも，行政処分とともに刑事罰が科されることになる。

⑩　次の文章を読み，問いに答えなさい。

　　伊藤喜三郎は家族とともに青果店「八百喜」を経営しているが，住宅兼用の店舗は借家で，その賃借権は5年ごとに更新している。前回の更新は昨年行われ，その際には(a)更新料をきっちりと支払っている。ところが，(b)先日，家主が死亡し，借家は遺産相続のために諸岡不動産㈱へ売却されてしまった。そして数日後，諸岡不動産の従業員が突然「八百喜」へやってきて，「当社はあなたに店舗を貸すつもりはないので，至急明け渡してほしい」と言う。家賃はきっちりと納めていたが，建物賃借権の登記がなかったので，伊藤は少し不安だったが，はっきりと拒否したら，その後は何も言ってこなかった。

　　それから約2年後，今度は「家賃を2倍に値上げする」といってきた。周囲の状況からして到底（とうてい）承服できないので，再び拒否し，従来の金額で家賃を納めようとしたところ，先方は頑（がん）として受け取らない。そのため，それ以降は仕方なく，所轄（しょかつ）の法務支局にある　　　　　所に家賃を預けて債務を免れてきた。

　　さらに1年余が経過し，またまた諸岡不動産の従業員がやってきた。そして，伊藤に対して「8か月後に契約が切れるが，その時は更新をしない」と通告した。しかし，そんなことは意に介さず，その後も伊藤の家族は商売に励み，いよいよ更新の時を迎えた。さすがの諸岡不動産も，今回ばかりは(c)課長が出てきて「すでに通告してあるように，当社はこの賃貸借契約を更新するつもりはない。実は，あの一帯を取り壊して，大型マンションを建設する計画がある。ついては適当な立ち退き先を斡旋（あっせん）し，相応の立ち退き料を支払うので，これを機会にあそこを明け渡してほしい」と言う。伊藤は課長の提案に誠意を感じたが，商売をはじめ，子どもの学校のこと，年老いた両親の生活などを考えると，どうしても立ち退きを承諾する訳にはいかなかった。

問1．文中の　　　　　に入る用語は何か，次のなかから適切なものを一つ選びなさい。
　　ア．留置　　イ．登記　　ウ．供託

問2．下線部(a)の実態は何か，次のなかから適切なものを一つ選びなさい。
　　ア．礼金と敷金　　イ．権利金　　ウ．保証金

問3．下線部(b)において，諸岡不動産がその後，何も言ってこれなかったのはなぜか，次のなかから最も適切なものを一つ選びなさい。
　　ア．伊藤喜三郎と旧家主の間の契約期間がまだ続いていたから。
　　イ．伊藤喜三郎が更新料や家賃をきっちりと支払っていたから。
　　ウ．伊藤喜三郎が実際にそこで商売や生活をしていたから。

問4．下線部(c)について訴訟となった場合，どのようなことになると考えられるか，次のなかから最も適切なものを一つ選びなさい。
　　ア．諸岡不動産は事前に更新拒否の通告をし，誠意ある提案もしているが，マンションの建設は正当な事由とは判定されず，当該借家の賃貸借契約は終了とならないだろう。
　　イ．諸岡不動産は事前に更新拒否の通告をし，マンションの建設という正当な事由を述べているが，これまでの横暴な主張が指摘され，当該借家の賃貸借契約は終了とならないだろう。
　　ウ．諸岡不動産は事前に更新拒否の通告をし，マンションの建設という正当な事由を述べたうえで誠意ある提案もしているので，当該借家の賃貸借契約は終了となるだろう。

11　次の文章を読み，問いに答えなさい。

　羽田裕太は，親友である細川氏の事業が窮地（きゅうち）に追い込まれていると聞いて，大変心配した。そして，何とか力になりたいと考え，無利子で現金500万円を貸すことにした。

　しかし，返済の期日である半年後になっても何も連絡がないので，羽田は細川氏の自宅を訪（たず）ねてみた。すると，家族は「本人とは1週間ほど音信不通である」という。そこで，羽田は家族にそれとなく返済を求めてみたが，「私たちには，そのお金を立て替えて返済しなければならない義務はないし，そうするつもりもない」と遠回しに告げられた。ただ，申し訳なく思ったのか，残された日記に「（得意先の）㈱オザワ通商が商品の代金400万円をなかなか支払ってくれない」というくだりがあることを教えてくれた。

問. 本文の事例では，羽田裕太は㈱オザワ通商から400万円を取り立てることができるが，このような権利を何というか，漢字2文字を補って正しい用語を完成させなさい。

12 次の文章を読み，問いに答えなさい。

山崎秀樹が主宰する一般財団法人南東京交響楽団は，赤字に陥り，演奏活動の継続が難しくなった。そこで，当座の運営資金として3千万円を1年間，金融会社から借り入れることにした。以下は，(a)山崎代表と金融会社の融資課長との間で交わされた会話の一部である。

課長「事務所の建物とか土地とか，何か担保になるような不動産はお持ちですか」

山崎「私どもは楽団ですから，そのようなものは所有していません。しかし，楽団員のなかには，時価数千万円は下らないといわれる楽器を所有している者がいます」

課長「それは凄い。当社としては，そのような楽器を担保にすることは一向に差し支えないのですが，そうすると，それを演奏に使うことはできなくなってしまいますよ。それでも構いませんか」

山崎「いえ，それは困ります」

両者はしばらくの間沈黙した。

やがて，山崎代表がお茶を一口すすったのがきっかけとなり，再び課長が口を開いて，(b)「わかりました。それではこうしましょう。楽団員のどなたかの楽器を1台，当社が3千万円で買い取らせて頂きます。もちろん，その楽器は，そのままお使い頂いて構いません。そして1年後，今度は逆にその楽器を同額で買い戻して頂きます。ただし，その間，利息代わりに楽器の使用料をお支払い頂きます。なお，期日までに楽器の買い戻しがなされない場合には，その楽器の所有権は当社が確定的に取得することになります。当社はそれを適正な価格で売却し，代金のなかからお貸し付け金を回収させて頂き，差額はお客様にお返しします」と提案した。

山崎代表は，この提案を持ち帰って副代表の加賀良介に話し，協力を求めた。なぜならば，彼はバイオリン奏者でもあり，名器といわれる「パゴッツィーニ」を所有していたからである。(c)これに対して加賀は，「わかりました。私が所有する『パゴッツィーニ』の時価評価額は，5千万円にはなるでしょうから，それを楽団存続のために役立てることにしましょう」といって了承した。

しかし，1年後，南東京交響楽団は，「パゴッツィーニ」を買い戻すことができなかった。そのため，(d)楽器は金融会社に差し押さえられ，売却されてしまったが，それから6か月以上が経過しても，売却代金と借入金との差額は返還されなかった。そこで，楽団は，弁護士とも相談をして，(e)この差額金に法定利息をつけて返還するよう，金融会社に請求した。

問1．下線部(a)で，融資課長はどのようなことを考えていたか，会話文を検討して次のなかから適切なものを一つ選びなさい。

ア．あくまでも，抵当権を設定して融資することを考えていた。

イ．あくまでも，質権を設定して融資することを考えていた。

ウ．抵当権または質権を設定して融資することを考えていた。

問2．下線部(b)の提案は，どのような担保制度によるものか，次のなかから適切なものを一つ選びなさい。

ア．民法第295条に規定されている留置権の制度を，金銭の貸借に応用したものである。

イ．割賦販売法第7条に規定されている所有権留保の制度を，金銭の貸借に応用したものである。

ウ．取引慣行として発達し，判例によって認められている譲渡担保の制度によるものである。

問3．下線部(c)により，加賀良介はどのような立場になったか，次のなかから適切なものを一つ選びなさい。

ア．物上保証人　　イ．連帯保証人　　ウ．身元保証人

問4．下線部(d)の事実により，金融会社が得ている利益を何というか，正しい用語を記入しなさい。

問5．下線部(e)に記されている法定利息の割合はどれくらいか，次のなかから適切なものを一つ選びなさい。
　　ア．年3分　　イ．年5分　　ウ．年6分

13　次の文章を読み，問いに答えなさい。

　　日本携帯電話㈱は，電波の送受信ができない「圏外」地域を減らすため，アンテナ局の増設を進めていた。(a)必要な土地は，同社が各地主との間で民法第265条に基づく物権の設定契約を結び，期間50年で借り上げている。そして，施設の建設は浦島鉄工㈱に，竣工後の維持・管理は㈱山科メンテナンスに請け負わせている。

　　ところが，ある地域を未曽有の台風が襲い，(b)既設のアンテナ局の一つが倒壊して，隣接する民家に損害を与えてしまった。以下は，被害者による賠償請求に対する関係者の主張である。

　　　　山科メンテナンス　「当社によるアンテナ局の管理は万全であり，そのことは事故後の調査でもはっきりしている。これは典型的な天災だ」

　　　　被害者　　　　　　「アンテナの設置に問題はなかったのか」

　　　　浦島鉄工　　　　　「当社は，施主である日本携帯電話様の指図書どおりに施工している」

　　　　日本携帯電話　　　「設置に瑕疵があったかどうかはわからないが，今までに別の地域では，このようなことはまったくなかった」

　　こうして，話し合いは膠着状態に陥った。

問1．下線部(a)に記されている物権は何か，次のなかから適切なものを一つ選びなさい。

　　ア．地上権　　　イ．地役権　　　ウ．賃借権

問2．下線部(b)に記されているような損害に対する賠償責任を，特に何というか，漢字3文字を補って正しい用語を完成させなさい。

問3．本文の事例において，損害を賠償する責任は最終的にどうなるか，次のなかから適切なものを一つ選びなさい。

　　ア．この災害はだれにも過失のない天災であったといえるので，だれも責任を負わない。したがって，被害者は損害の賠償を得ることができない。

　　イ．この災害はだれにも過失のない天災であったといえるが，アンテナ局の占有者にだけは無過失の免責が認められないので，㈱山科メンテナンスが責任を負う。

　　ウ．この災害はだれにも過失のない天災であったといえるが，アンテナ局の施工者にだけは無過失の免責が認められないので，浦島鉄工㈱が責任を負う。

　　エ．この災害はだれにも過失のない天災であったといえるが，アンテナ局の所有者にだけは無過失の免責が認められないので，日本携帯電話㈱が責任を負う。

選択問題Ⅰ〔会社に関する法〕

1 次の文章を読み，問いに答えなさい。

森島信也は，いわゆる便利屋の店主である。(a)彼は，事業の拡大と税金対策のため，自分の店（個人企業）を株式会社に改組することにし，会社設立のための事務手続きをたった一人で行った。以下は，その一部である。

まず，彼は，商法の第166条などの規定に基づいて定款を作成し，公証人の認証を受けた。その定款によると，彼の会社が発行する株式の総数は1,200株であるが，設立の際に発行する株式の総数は300株である。

そして，設立の際に発行する株式のうち，とりあえず100株は彼が引き受けたが，残りは従業員や友人など10人に引き受けてもらい，(b)出資の履行も検査役の調査も無事に完了した。

問1．下線部(a)に示されている彼，すなわち森島信也のような立場にある人を何というか，次のなかから適切なものを一つ選びなさい。

ア．支配人　　イ．発起人　　ウ．監査人

問2．下線部(b)の後，会社設立のための事務手続きはどのように進行されたか，次のなかから適切なものを一つ選びなさい。

ア．「設立登記の完了」→（会社の成立）→「創立総会の招集と開催」

イ．「設立登記の完了」→「創立総会の招集と開催」→（会社の成立）

ウ．「創立総会の招集と開催」→「設立登記の完了」→（会社の成立）

問3．文中で森島信也が行った会社設立の方法を何というか，次のなかから適切なものを一つ選びなさい。

ア．公証設立　　イ．発起設立　　ウ．募集設立

② 次の文章を読み，問いに答えなさい。

　山野君が営業マンとして勤務する㈱ジャルディーノでは，販売代金は，商品の引き渡し後1か月以内に現金で回収する決まりになっている。

　7月25日，山野君は，納品が完了した株式会社川島商店へ集金に行き，販売代金の500万円を次の4枚の約束手形で受け取った。そして，帰社し，上司の係長にそれらを見せたところ，係長は，「これら4枚の手形のうち，3枚には記入漏れがある」とつぶやいて顔面蒼白となった。

約束手形1

約束手形2
（手形金額100万円、支払期日×年7月31日）

約束手形3
（手形金額100万円、支払期日×年7月31日）

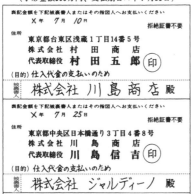

約束手形4
（手形金額100万円、支払期日×年8月20日）

問1．山野君は，約束手形1について，どのように考え，どのように扱えばよいか，次のなかから正しいものを一つ選びなさい。

　ア．支払期日の記載のない手形は，一覧払いのものとみなされる。したがって，いつでも呈示すればすぐに支払いを受けられるので，そのまま受け取っておけばよい。

　イ．支払期日の記載のない手形は，振出日付後3か月払いのものとみなされる。したがって，自社の決済規定について，上司に例外を認めてもらう必要がある。

　ウ．支払期日の記載のない手形は，効力を認められない。したがって，㈱川島商店にその記入を求めなければならない。

問2．山野君は，約束手形2と3と4について，どのように考え，どのように扱えばよいか，次のなかから正しいものを一つ選びなさい。

　ア．いずれの約束手形も裏書きの連続が認められるので，期日に呈示すれば容易に支払いを受けられる。したがって，そのまま受け取っておけばよい。

　イ．裏書きの連続が認められるのは約束手形2と3だけである。したがって，約束手形4については，期日に呈示しても支払いを受けられない恐れがあるので，㈱川島商店にその記入漏れの追記を求めなければならない。

　ウ．裏書きの連続が認められるのは約束手形2だけである。したがって，約束手形3と4については，期日に呈示しても支払いを受けられない恐れがあるので，㈱川島商店にそれぞれの記入漏れの追記を求めなければならない。

選択問題Ⅱ〔企業の責任と法〕

1 次の文章を読み，問いに答えなさい。

特殊な売買契約のうち，われわれにとって比較的身近なのは(a)①割賦販売・②訪問販売・③通信販売・④電話勧誘販売の四つであろう。したがって，これらに対しては，取引の公正と消費者保護の観点から，割賦販売法と特定商取引法による規制がなされている。しかし，そうした規制について，誤解や思い込みをしている人も少なくない。例えば，次のような点である。

まずは割賦販売である。割賦販売法では，割賦販売は購入者から代金や対価を　①　か月以上の期間にわたり，かつ，　②　回以上に分割して受領することを条件として行う指定商品などの販売や提供と定義されている。したがって，電気製品などを購入し，その際に頭金だけを支払い，残額は翌月のボーナス受給時に支払うというような契約は，同法では割賦販売とはいわない。しかし，平成21年6月の法改正により，同法にはクレジット規制の条項が盛り込まれた。これにより，割賦販売の範疇（はんちゅう）に入らない上記のような契約も規制の対象となった。ただし，クレジットの大部分を占める「翌月1回払い」だけは，依然として同法の適用範囲外なのである。

次にクーリング・オフ(cooling-off)の制度である。割賦販売法にも特定商取引法にも規定されているこの制度は，買い主に無条件で契約の解除を認めるものであるが，その主な適用条件は以下の四つである。

(1) 営業所等以外の場所で締結された契約であること。

(2) 政令により指定された商品などに関する契約であること。

(3) クーリング・オフの説明がある契約書などを受け取った日から起算して　③　日以内であること。

(4) 　④　または電磁的記録により解約の通知をすること。

そして，これらすべての条件が満たされないと，クーリング・オフは適用されない。それどころか，(b)ある販売形態については，現在，クーリング・オフの制度がまったく適用されていない。なぜならば，それによって商品を購入する消費者には，積極的な意思が存在するため，クーリング・オフの制度は必要ないと判断されているからである。

問1．文中の　①　・　②　に入る数字は何か，次のなかから適切な組み合わせを一つ選びなさい。
　ア．①1・②2　　イ．①2・②3　　ウ．①3・②4

問2．文中の　③　・　④　に入るものは何か，次のなかから適切な組み合わせを一つ選びなさい。
　ア．③8・④書面　　イ．③14・④書留郵便　　ウ．③20・④内容証明郵便

問3．文中の適用条件(1)を満たし，原則としてクーリング・オフが適用されるのはどのような場合か，次のなかから適切なものを一つ選びなさい。
　ア．リフォーム業者に電話をかけて見積もりを取り，その後自宅で契約をした場合。
　イ．家電量販店へ出向き，薄型・大画面の高画質テレビを月賦で購入する契約をした場合。
　ウ．路上でキャッチセールスに声をかけられ，近くの喫茶店で美顔器を購入する契約をした場合。

問4．下線部(b)に記されている「ある販売形態」とは何か，下線部(a)のなかから適切なものを一つ選び，番号で答えなさい。

② 次の文章を読み，問いに答えなさい。

　新入社員の小笠原君は，入社式の日，ある組織の歓迎会に出席させられた。そして，登壇した委員長の説明によると，その組織は「労働者が主体となって自主的に労働条件の維持・改善，その他経済的地位の向上を図ることを主たる目的として組織された団体である」という。さらに，「うちの会社はユニオンショップだから，この組織への加入が就労の条件になっている」ともいわれた。

問．文中に記されている「組織」とは何か，その名称を答えなさい。

第36回（令和3年度）
商業経済検定試験問題
〔経済活動と法〕

解答上の注意

1．この問題のページはp.94からp.108までです。

2．解答はすべて別紙解答用紙（p.131）に記入しなさい。

3．文字または数字で記入するもの以外はすべて記号で答えなさい。

4．選択問題Ⅰ〔会社に関する法〕・選択問題Ⅱ〔企業の責任と法〕は2分野のうち1分野を解答すること。2分野を解答した場合は，選択問題すべてを無効とします。

5．計算用具や六法全書などの持ち込みはできません。

6．制限時間は60分です。

※　試験終了後，問題用紙も回収します。

1 次の文章を読み，問いに答えなさい。

　私たちが社会生活を送るうえで法は必要不可欠である。法は，社会問題化した事象がきっかけとなって新しく制定されたり，改正されたりすることがある。

　法には，(a)条文の形に書きあらわされた法と明確な条文の形に書きあらわされていない法がある。条文の形に書きあらわされた法には，わが国全体を規律するために国会で制定される法律や，地域を限定して規律するために制定される条例などがある。ここでは法律と条例についてみてみる。

　まずは，法律についてである。最近，「パワハラ」という言葉をよく聞くようになった。パワハラは，「パワーハラスメント」の略語であり，同じ職場で働く者に対して，職務上の地位や人間関係などの職場内の優位性を背景に，業務の適正な範囲を超えて，精神的・身体的苦痛を与える，または，職場環境を悪化させる行為のことである。ここ数年，このパワハラに関係するニュースを聞くことが多くなった。

　そこで国会では，2019年6月5日にパワハラ対策の法制化として，労働施策総合推進法を改正した。この改正された法律は，通称，「パワハラ防止法」と呼ばれ，制定からおよそ一年後の2020年6月1日から段階的に施行され，大企業でパワハラの対策が義務化された。法律は一般的に国会で制定されたのち，(b)法律の内容を，官報やＷｅｂを通して国民に知らせる。そして，一定の期間を経てその法律の効力が生じることになる。

　次に，条例についてである。例えば，埼玉県ではエスカレーターでの事故が急増していることから，(c)「埼玉県エスカレーターの安全な利用の促進に関する条例」をある機関が制定した。この条例は，埼玉県内のみで適用されるが，罰則規定はない。このほかにも地域によっては，路上喫煙の禁止やごみ処理などに関する条例を定めているところもあり，場合によっては罰則規定を設けることもある。

　社会問題は法によってその事象が鎮静化することもある。法は，私たちが安心して日常生活を送るうえでなくてはならないものであり，法を理解しておくことはとても重要である。

問1．下線部(a)を何というか，次のなかから適切なものを一つ選びなさい。
　　ア．慣習法　　イ．成文法　　ウ．不文法

問2．下線部(b)を何というか，漢字2文字で正しい用語を記入しなさい。

問3．下線部(c)に記された機関として，次のなかから適切なものを一つ選びなさい。
　　ア．当該地方公共団体である埼玉県議会
　　イ．当該地方公共団体である埼玉県議会の議長
　　ウ．当該地方公共団体の長である埼玉県知事

2 次の文章を読み，問いに答えなさい。

神奈川県にある神社の境内の入り口には，右のような立て札がある。そこには，(a)「境内に車馬を乗り入れることを禁止する」と書かれており，これを法としてみた場合，文言通りに解釈すると「車と馬は境内に乗り入れてはいけない」と解釈することができる。

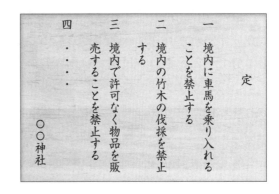

また，法全体との関連を考え，論理に従って解釈する方法があり，これを論理解釈という。例えば，この立て札の場合，(b)「境内に車馬を乗り入れることを禁止する」という文言について意味を広げて解釈する拡張解釈や意味を狭めて解釈する縮小解釈などがある。国内にはこのような立て札がある観光地や公園，神社などが多くある。新型コロナウイルス感染症が落ち着いたら，全国各地を訪れて，このような立て札を探してみたい。

問1．下線部(a)のような解釈を何というか，漢字2文字を補って正しい用語を完成させなさい。

問2．本文の主旨から，下線部(b)の説明として，次のなかから最も適切なものを一つ選びなさい。
　ア．ベビーカーは車ではないから，ベビーカーは乗り入れることができると解釈すること
　イ．重量が同じくらいでも牛は馬ではないから，牛は乗り入れることができると解釈すること
　ウ．馬のなかにはロバも含まれるため，ロバも乗り入れてはいけないと解釈すること

3 次の文章を読み，問いに答えなさい。

私たちは社会生活を営むうえで，権利をもったり，義務を負ったりする。このような権利・義務の主体となることのできる資格を権利能力という。権利能力を取得することができるのは，私たち自然人のほかにも，(a)法律の定める一定の手続きをとって設立された企業や団体のように，法律によって権利・義務の主体として活動を認めているものもある。

私たち自然人は，出生とともに権利能力を取得する。ただし，(b)胎児は，まだうまれていないので本来は権利能力をもたないが，民法では，胎児の利益保護の観点から例外規定を設けている。

権利能力を取得するということは，権利を主張できるということではあるが，同時に義務を負うということを私たちは忘れてはならない。

問1．本文の主旨から，下線部(a)を何というか，漢字2文字で正しい用語を記入しなさい。

問2．下線部(b)の内容として，次のなかから適切なものを一つ選びなさい。
　ア．胎児の利益を守るために，母親の胎内にいるときからうまれているものとみなし，損害賠償の請求をはじめ，すべての権利能力が認められている。
　イ．胎児の利益を守るために，胎児が生きてうまれることを条件に，損害賠償の請求や親の遺産相続など一定の場合に限り，権利能力が認められている。
　ウ．胎児の利益を守るために，たとえ胎児のまま死亡したとしても，母親の胎内にいる期間は生きているとみなし，その期間はすべての権利能力が認められている。

④ 次の文章を読み，問いに答えなさい。

　民法では，これまで20歳未満の人を未成年者としてきたが，2018年の改正により，2022年４月から成年年齢が18歳に引き下げられることになった。未成年者は，法律行為を一人でできる能力が不十分であるとされ，民法では制限行為能力者として保護している。

　このように民法では，(a)自分のしようとする行為の意味や性質について正常に判断できる能力の有無にかかわらず，判断力の不十分な人が不利な取引をしないようにするため，画一的に行為能力がないものとして保護する制度をおいている。このような人々を制限行為能力者と呼び，民法において未成年者，(b)被補助人，被保佐人，成年被後見人の４種を定めている。ここでは未成年者の法律行為をみてみる。

[事例]

　Aは16歳の高校１年生である。Aの趣味は，サイクリングである。ある日，Aが自転車店に行ってみると，お気に入りのマウンテンバイクが定価から大幅に割り引かれて20万円で販売されていることに気がついた。店員に聞いてみると「あと数日で新型モデルが発売されるためです」と教えてくれた。店員は続けて「本日ご契約いただけると，さらに２万円割り引きいたします。代金は後日でかまいません」とAに言った。Aは，18万円なら親が出してくれると考え，売買契約書に名前や住所などを記入した。店員は入社したばかりの新人であり，Aの年齢を確認しないで契約を結んでしまった。その際(c)未成年者であるAは，自分が成年者であると欺く手段は用いていない。

　Aは自宅に帰り，親に売買契約書を見せて，マウンテンバイクの代金の支払いをお願いした。すると，Aの親は「このような高額な契約は認めない」と言い，自転車店に電話をして契約の取り消しを主張した。しかし，自転車店の店員は「Aさんとは正式に売買契約を結びました。契約を取り消すことはできません」と主張した。Aの親はいったん電話を切り，(d)この売買契約を取り消すことができるのかどうか，法律の専門家に相談することにした。

問１．下線部(a)を何というか，漢字２文字を補って正しい用語を完成させなさい。

問２．下線部(b)の説明として，次のなかから適切なものを一つ選びなさい。
　ア．精神上の障がいで，判断能力を欠く常況にある人
　イ．精神上の障がいで，判断能力が著しく不十分な人
　ウ．軽度の精神上の障がいで，判断能力が不十分な人

問３．下線部(c)を何というか，次のなかから適切なものを一つ選びなさい。
　ア．詐術　　イ．擬制　　ウ．催告

問４．本文の主旨から，下線部(d)の結論として，次のなかから適切なものを一つ選びなさい。
　ア．Aの行為は，単に権利を得たり義務を負ったりする行為であり，法定代理人の同意は必要としない。従って，Aが単独で行った売買契約は取り消すことができない。
　イ．Aは未成年者であるが，店員がAの年齢を確認しなかったことにより，法定代理人の同意を必要としない。従って，Aが単独で行った売買契約は取り消すことができない。
　ウ．Aは未成年者であり，法律行為を行うには原則として法定代理人の同意が必要である。従って，Aが単独で行った売買契約は取り消すことができる。

⑤ 次の文章を読み，問いに答えなさい。

　私たちは権利の主体として財産を支配しており，この支配を通して経済生活を営んでいる。これらの(a)支配されている財産の中心をなすものが物であり，権利の対象物となる。

　物はいろいろな観点から分類され，その取り扱いが区別されている。そのおもな種類は，不動産と動産，特定物と不特定物である。このような分類により，物の権利の移転に関する取り扱いに重要な違いが生じる。

　また，物と物との間には，特別な関係がある場合があり，例えば，金庫と鍵，建物と畳など，一方が他方の使い道を常に助けるように付属しているという主物と従物という関係がある。(b)売買において，主物と従物の関係にあるものについては，特約がない限り民法第87条第2項により，その処分について定められている。

　さらに，ある物が他の物をうみ出した場合に，うみ出す側の物を(c)元物といい，うみ出された側の物を果実という。さらに果実は，天然果実と(d)法定果実に分けることができる。

問1．下線部(a)を何というか，次のなかから正しいものを一つ選びなさい。
　ア．権利の濫用　　イ．権利の客体　　ウ．権利の移転

問2．下線部(b)の説明として，次のなかから適切なものを一つ選びなさい。
　ア．売買において，主物が売られると従物も売られたことになる。
　イ．売買において，主物が売られても従物は売られたことにならない。
　ウ．売買において，主物と従物は同時に売られることはない。

問3．下線部(c)と下線部(d)の関係を満たす組み合わせとして，次のなかから適切なものを一つ選びなさい。
　ア．(c)乳牛　　　　(d)牛乳
　イ．(c)貸付金　　　(d)利息
　ウ．(c)田畑　　　　(d)農作物

6 次の文章を読み，問いに答えなさい。

　私たちは，日常的に経済活動を行っている。例えば，商品を販売した際には，代金を受け取ることができる。また，土地を所有していれば他人にその土地を貸して，地代を受け取ることもできる。このように，経済的な利益を内容とする権利を，広く財産権という。ここでは，財産権のうちの物権についてみてみる。

　物権とは，ある一定の物を他人からの影響や干渉を排除して直接に支配し，利用できることを内容とする権利である。物権は他人を排除する強い権利であるため，(a)民法第175条で「物権は，この法律その他の法律に定めるもののほか，創設することができない」と定めている。

　物権は，大きく所有権，用益物権，担保物権，占有権に分けられる。このうち所有権は，法令の制限内で物を自由に使用し，収益し，処分するというように，どのような手段でも全面的に物を支配することのできる権利である。しかし，(b)土地については，隣接する土地と自己所有の土地との間の利益の調整を図るために，民法第209条から238条に相隣関係が規定されている。

　また民法では，他人の所有する土地を一定の制限内で使用・収益することができる用益物権を定めている。例えば，全国にあるモノレールやロープウェイのなかには，自己が所有していない土地の上空や公道以外の上空など，他人の土地の上空を通っていることがある。この場合，(c)モノレールやロープウェイなどの工作物や，建物の築造，あるいは植林などのために，他人の土地を使用できる権利である用益物権を設定する必要がある。

　2021年には横浜市にロープウェイが開業している。このロープウェイは都市型循環ロープウェイという全国的にも珍しいロープウェイである。全国には多くのロープウェイが通っている。新型コロナウイルス感染症が落ち着いたら，乗車してみたいものである。

問1．下線部(a)を何というか，次のなかから正しいものを一つ選びなさい。
　ア．物権の優先的効力　　イ．一物一権主義　　ウ．物権法定主義

問2．下線部(b)に記された相隣関係の具体例として，次のなかから適切なものを一つ選びなさい。
　ア．マンションのエントランスやエレベーターは，区分所有者の共有にしなければならない。
　イ．建物を築造するには，境界線から50センチメートル以上の距離を保たなければならない。
　ウ．たとえ所有者であっても，重要文化財は自由に処分することはできない。

問3．下線部(c)を何というか，漢字2文字を補って正しい用語を完成させなさい。

⑦　次の文章を読み，問いに答えなさい。

　　A社はチョコレート菓子やスナック菓子を製造，販売するメーカーである。もともとはキャラメルやビスケットを製造していたが，わが国で初めてスナック菓子を製造した歴史をもつ。現在では健康食品や栄養食品，薬など幅広い商品を製造し販売している。

　　A社は，主力商品であるタケノコの形をしたチョコレート菓子（X商品）の立体形状について，2021年に知的財産権を届け出て登録された。A社が登録した知的財産権は，(a)人の知覚により認識できるもののうち，文字，図形，記号，立体的形状もしくは色彩またはこれらの結合，音その他政令で定めるもの（標章）について，事業者が業として商品または役務（サービス）との関係で使用できる知的財産権である。お菓子の立体形状に対してこの知的財産権が登録されることは珍しいことであり，特例とも言われている。

　　ところでA社は，キノコの形のチョコレート菓子（Y商品）も主力商品として販売している。A社は，Y商品の形を模倣した商品が他国で販売されたため，このY商品の形状について，X商品の登録よりも先の2018年に(b)知的財産権の登録を国の機関に届け出て登録した。キノコに続いてタケノコも知的財産権が登録されたのである。A社が登録したこれらの知的財産権は，先願主義といって，最初に出願した者に権利を認めている。

　　A社が登録した，これらの知的財産権の存続期間は，登録の日から10年間である。A社がこの知的財産権を存続期間満了後も有効にするためには，更新する必要がある。この更新は何回でもできることになっている。

　　またA社は，今回登録した知的財産権以外に(c)特許権を登録している。その多くは，食品の製造方法に関する特許であるが，なかには食品を製造する機械に関する特許も含まれている。

　　私たちが日常購入する商品にもさまざまな知的財産権が関わっている。購入した商品について，知的財産権を調べてみると新しい発見があるかもしれない。

問１．下線部(a)に記された知的財産権を何というか，漢字２文字を補って正しい用語を完成させなさい。

問２．本文の主旨から，下線部(b)に記された機関として，次のなかから適切なものを一つ選びなさい。
　　ア．公正取引委員会　　イ．法務省　　ウ．特許庁

問３．下線部(c)の説明として，次のなかから適切なものを一つ選びなさい。
　　ア．自然法則を利用した，高度な技術的創作といえる発明に対して認められる知的財産権のこと
　　イ．新しい農林水産植物の品種を育成することができる知的財産権のこと
　　ウ．創作した美術や芸術など，精神的創作活動について保護する知的財産権のこと

次の文章を読み，問いに答えなさい。

　　Aは会社を経営しているが，景気が悪化したので借金の支払いも滞り，銀行からの融資も断られ
るようになってしまった。Aは，このままでは所有している別荘が差し押さえられると考え，友人
のBに「私はBさんに売却するつもりはないが，私から別荘を買ったという手続きに協力してくれ
ないか」と言った。Aは，(a)債権者から別荘の差し押さえをのがれるためA，Bとの間で形だけの
売買をするという，真意ではない意思表示をした。AとBは，代金の受け払いをしないで，Bを所
有者とする売買契約と登記をしたのである。

　　ところがBは別荘を売って，その代金で投資をして儲けようと考えた。Bは利益を出してから別
荘を買い戻せば，大丈夫だと考え，Bの知り合いであるCに「私が所有している別荘を買ってほしい。
いずれ買い戻すつもりだが，その時は1.2倍の金額で買い戻します」と言った。事情を知らないCは，
Bとの付き合いも長く別荘の代金も安いので，Cを所有者とする売買契約と登記の手続きをした。

　　しかし，Bは投資に失敗して資金を回収することができなくなった。BはCに買い戻すことがで
きないことを話した。Cは環境や価格の条件も良い別荘だったので，Bが買い戻さないことも承諾
した。後日，それを知ったAは，Cに「もともとは私の別荘でした，形だけの取引なので，Bさん
とCさんの契約は成立しないはずだから別荘を返してほしい」と主張した。突然の主張だが，Cは「私
が行った，売買契約に不備はありませんでした。AさんとBさんの売買契約については知らないの
で，別荘を返しません」と主張した。Cは，(b)AとBやBとCの売買契約はどうなるのか，またC
は別荘を返さなければならないのか，不安になった。この状況を弁護士に相談してアドバイスを受
けようと考えた。

　　2020年の改正民法では契約に関する基本原則として，(c)何人も，法令に特別の定めがある場合を
除き，契約をするかどうかを決定することや，契約の当事者は，法令の制限内において，契約の内
容を決定することなど，自らの意思でできる原則が明文化された。しかし，AとBの契約のように，
契約が法に違反する場合や，公の秩序または善良な風俗に反する場合，その契約は自由にできない。

問1．本文の主旨から，下線部(a)のような意思表示を何というか，次のなかから正しいものを一つ
　　選びなさい。
　　　ア．錯誤による意思表示　　　イ．虚偽表示　　　ウ．瑕疵ある意思表示

問2．本文の主旨から，下線部(b)の結論として，次のなかから適切なものを一つ選びなさい。
　　　ア．AとBの契約は有効であり，Aが善意の第三者または悪意の第三者にかかわらずBとCの契
　　　　約は有効となり，別荘を返さなくてよい。
　　　イ．AとBの契約は無効なので，Cが善意の第三者であってもBとCの契約も無効となり，別荘
　　　　を返さなくてはならない。
　　　ウ．AとBの契約は無効だが，Cは善意の第三者なのでBとCの契約は有効となり，別荘を返さ
　　　　なくてよい。

問3．下線部(c)のような原則を何というか，漢字4文字を補って正しい用語を完成させなさい。

9 次の文章を読み，問いに答えなさい。

　法律の専門学校に通うAは，毎年10月に試験が行われる宅地建物取引士（以下，宅建士）の資格を取得して不動産業に関連する会社に勤めたいと思っている。

　Aは土曜日になると，同級生のBと一緒にAの自宅で民法や宅地建物取引業法などの学習をしている。不動産業では業務に従事する人の5人に1人以上の宅建士を店舗に置くことになっている。また，顧客に対して不動産取引における重要事項の説明ができるので，宅建士の資格をもっていると就職に有利であると考え，Aは，宅建士の試験に合格したいと願っている。親からも「(a)宅建士の試験に合格できなかったら専門学校の学費の援助は打ち切るので，しっかり勉強しなさい」との条件を出された。Aは好きなスマートフォンのゲームをやめ，毎日学習している。

　また，AとBは学習が終わった宅建士の参考書やDVDなどを貸し借りしている。この日も，(b)AはBが購入したDVDを借りて，2週間後に返すという約束をした。努力の成果もあって，Aは10月に行われた宅建士の試験に合格することができた。

問1．下線部(a)のような条件を何というか，次のなかから正しいものを一つ選びなさい。
　ア．確定条件　　イ．停止条件　　ウ．解除条件

問2．下線部(b)のような契約を物の貸借としてみた場合，何というか，次のなかから正しいものを一つ選びなさい。
　ア．賃貸借　　イ．使用貸借　　ウ．消費貸借

10 次の文章を読み，問いに答えなさい。

　私たちが経済活動を行うなかで，売買契約や賃貸借契約を結んだ場合，債権と債務の関係が成り立つ。この債権と債務の関係は(a)債務者が本来の債務を履行すると消滅する。これは通常の消滅原因である。

　このほか，債権・債務が消滅する特別な場合がある。例えば，債権者が債務者の金銭の受領を拒んだとき，債務者は金銭を供託所に寄託して債務を免れる供託がある。また，相殺，代物弁済，更改，免除，(b)混同などによって債権と債務が消滅する特別な場合がある。この違いを理解していきたい。

問1．下線部(a)を何というか，次のなかから正しいものを一つ選びなさい。
　ア．弁済　　イ．援用　　ウ．補償

問2．下線部(b)の具体例として，次のなかから適切なものを一つ選びなさい。
　ア．債権者と債務者の合意で，30万円の自動車を引き渡して，それで本来の30万円の債務が消滅したものとすること。
　イ．親から50万円の債務をもつ子どもが親の死亡によって，その債権を相続した場合のように，債権と債務が同一人に帰属して，親の債権と子どもの債務が消滅すること。
　ウ．100万円の手形債務がある場合に，その手形のかわりに101万円の新手形と交換して支払期日を延ばすというような，新手形債務によって旧手形債務を消滅させること。

11 次の文章を読み，問いに答えなさい。

　会社員のAは，建物を購入しようと考えたので，インターネットで土地所有権つき新築建物を探していた。そのなかに気になる建物情報があったので，翌日，不動産会社の従業員Bと一緒に現地見学に行き建物の説明を受けた。Aはその物件が理想通りの建物だったため，家族の同意を得て購入することにした。

　そこで，Aは預金をしている銀行に行き，住宅ローンの契約ができないか尋ねたところ，審査をするとのことだった。数日が経って銀行の担当者は，「購入を予定する土地所有権つき新築建物に(a)Aが建物と土地を占有したままで住宅ローンの担保とし，支払いができなくなった場合は，銀行が建物と土地を競売して優先的にローン残高を受け取ることができる権利をつけることで，住宅ローンを結ぶことができます」とAに伝えた。

　さっそく，ローン契約のめどがついたので，不動産会社のBに相談した土地所有権つき新築建物の売買契約をすることを伝えた。数日後，Aは不動産会社の事務所にて説明を受け，売買契約の締結とその(b)手付として，不動産会社へ200万円を渡した。この手付とは，契約の履行を確実にするための保証金の役割をもつものだと説明された。

　後日Aは，銀行でローン契約の手続きと(c)新築建物の初めての登記，土地の登記の手続きをした。Aは，司法書士を代理人として(d)Aが行うべき手続きや権利などについて第三者に代理権を与えたことを証明する文書を渡し，登記の手続きを済ませてもらうことにした。

　2週間ほどして，土地所有権つき新築建物がAのものだということを証明する登記完了証が送付されてきた。Aは一生懸命に仕事へ打ち込んで，早くローンを返済しようと思っている。

問1．下線部(a)のような担保物権を何というか，次のなかから正しいものを一つ選びなさい。
　　ア．抵当権　　イ．先取特権　　ウ．質権

問2．本文の主旨から，下線部(b)の内容について，次のなかから適切なものを一つ選びなさい。
　　ア．契約履行前にAが解約した場合，不動産会社に渡した200万円は放棄し，不動産会社が解約した場合，200万円をAに支払わなければならない一種の保証金の役割をもつものである。
　　イ．契約履行前にAが解約した場合，不動産会社に追加で200万円を支払い，不動産会社が解約した場合，400万円をAに支払わなければならない一種の保証金の役割をもつものである。
　　ウ．契約履行前にAが解約した場合，不動産会社に渡した200万円は放棄し，不動産会社が解約した場合，400万円をAに支払わなければならない一種の保証金の役割をもつものである。

問3．下線部(c)のような登記を何というか，次のなかから正しいものを一つ選びなさい。
　　ア．抹消登記　　イ．移転登記　　ウ．保存登記

問4．下線部(d)を何というか，漢字3文字で正しい用語を記入しなさい。

12 次の文章を読み，問いに答えなさい。

　Aは調理学校を卒業してから，レストランで働いていた。努力を重ね，ついに料理長として調理場全体を任されるようになり，多くの料理人も育てた。他の従業員に調理を任せられるようになり，Aは自分のレストランをもちたいという長年の夢を実現するために，レストランを退職することにした。

　Aが開業するには，受け取った退職金だけでは足りなかった。開業資金の不足分は個人で貸金業を営んでいるBに，300万円の融資を申し込んだ。Bは「お貸しするには，まず保証人が必要です。この契約では，催告の抗弁権や(a)検索の抗弁権がない連帯保証人を身内の人か知り合いの人に頼んでください」と言った。Aは「保証人は親にお願いするつもりですが，利率についてはどれくらいですか」と聞いた。Bは「(b)金銭の貸借における利率は元本10万円未満が年20％，10万円以上100万円未満の場合は年18％，100万円以上は年15％となる最高限度を定めている法律がありますが，Aさんでしたら法律で定められている最高限度の利率の半分でいいですよ」と言った。

　Aは，レストランの開業資金が早く欲しかった。それでも利率が高いと思っていたので，友人でもあることから，Bに(c)当事者が利率の取り決めをしなかった時に民法の規定にある年３％の利率にならないか聞いてみた。Bは少し困った顔をしていたが，年５％の利率にしてくれた。Aは(d)利率年５％で300万円を借りるという金銭消費貸借契約を締結した。

　契約締結後，Aは資金にめどがついたため，無事にレストランを開業することができた。今もAは，自ら作成したホームページを利用して顧客を集められるように工夫している。

問１．下線部(a)の説明として，次のなかから適切なものを一つ選びなさい。
　ア．債務者が返済しない場合に，保証人は債務者に強制執行しやすい財産があることを債権者に証明して，債務者の財産に対して強制執行をせよと主張できる権利のこと。
　イ．債務者が返済しない場合に，保証人は債務者とともに債務の履行をし，その後，保証人が支払った費用を債務者に返済させることを主張できる権利のこと。
　ウ．債務者が返済しない場合に，保証人が債務者に代わって債務の履行をし，その後，保証人が支払った費用を債務者に返済させることを主張できる権利のこと。

問２．下線部(b)を何というか，漢字５文字で正しい法律名を記入しなさい。

問３．下線部(c)を何というか，次のなかから正しいものを一つ選びなさい。
　ア．表面利率　　イ．法定利率　　ウ．固定利率

問４．下線部(d)を契約の性質から分類した場合，どのような組み合わせになるか，次のなかから正しいものを一つ選びなさい。
　ア．双務契約・有償契約　　イ．片務契約・無償契約　　ウ．片務契約・有償契約

次の文章を読み，問いに答えなさい。

　Ａは親から相続した土地に，自宅を建築して住んでいた。あまりに土地が広いため，土地の一部を賃貸したり，アパートを建築して賃貸したりする計画をたてていた。Ａは不動産会社に仲介を頼む前に，民法や借地借家法を調べることにした。

　例えば借地に借地人が所有する建物があるとする。建物の登記は，建物の所有者が単独でできる。Ａが第三者に土地を売って地主が代わっても，借地人に土地を明け渡してもらうことが難しいほど建物所有を目的とする土地の賃借権は強化されている(a)不動産賃借権の物権化を理解した。また，(b)借地借家法が適用される普通借地権の存続期間は民法の賃借権とは違うことがわかった。

　Ａは所有している土地の半分を貸して，そこに借地人が建物を建ててもよいと思っている。ただし，Ａが生きている間に子どもや孫に贈与したいので，(c)住宅用とはせず，もっぱら生産・営利などのために使用する建物や工場の所有を目的とし，期間が10年以上50年未満として借地権を設定する場合，契約満了後に借地権は消滅し，借地人は土地を明け渡さなくてはならないとすることができる借地権を設定しようかと考えた。なお，この借地権は期間を30年以上50年未満として借地権を設定する場合は，建物の買取請求をしないことも定めることができる。

　Ａの土地は，個人商店が多く立ち並ぶ地域にあり，多くの集客も見込める。残りの敷地内にはアパートも建てる予定なので，なじみの顧客もできると考えている。契約をする際に，家賃を相場よりも安くし，アパートを所有する賃貸人に対して御礼の意味として支払う金銭や，賃借人から，賃貸借期間が一定期間存続することを約束した形で，賃貸人に差し入れる金銭，(d)原状回復のためのクリーニング代や家賃不払いなど，賃借人が賃貸人に与えた損害の賠償を保証するためのもので契約終了時には未払いの債務を清算し，残金を返すとされている金銭も安くするつもりでいる。

問１．下線部(a)の内容として，次のなかから適切なものを一つ選びなさい。
　ア．不動産の賃借権が物権でありながら，債権と同様の対抗力を与えられている傾向のこと
　イ．不動産の賃借権が債権から物権という権利へ，法律で改正されていこうとする傾向のこと
　ウ．不動産の賃借権が債権でありながら，物権と同様の対抗力を与えられている傾向のこと

問２．下線部(b)の説明として，次のなかから適切なものを一つ選びなさい。
　ア．当事者が期間を定めなかった場合，最初の存続期間は一律30年，1回目の更新では20年，2回目以降は10年とされており，当事者がこれより長い期間を定めることもできる。
　イ．当事者が期間を定めなかった場合，最初の存続期間は一律30年，1回目の更新では20年，2回目以降は10年とされており，当事者がこれより長い期間を定めることはできない。
　ウ．当事者が期間を定めなかった場合，存続期間は一律20年とされており，次回の更新も20年となり，当事者がこれより長い期間を定めることもできる。

問３．下線部(c)のような借地権を何というか，次のなかから正しいものを一つ選びなさい。
　ア．長期型定期借地権　　イ．建物譲渡特約付借地権　　ウ．事業用借地権

問４．下線部(d)を何というか，次のなかから，適切なものを一つ選びなさい。
　ア．礼金　　イ．敷金　　ウ．保証金

14 次の文章を読み，問いに答えなさい。

　社会人のAは，有名芸能人Xの同じ写真集を3冊もっていた。どの写真集にも，直筆でサインが書いてある。ある日，友人のBがAの部屋に遊びに来ていた。Aは，「この写真集を貸してあげるよ」と言った。Bも好きな芸能人だったので，「うれしい，ありがとう」と言って写真集を借りた。

　1週間経って，Bから「この写真集を売ってくれないかな」と言われた。Aは，もう2冊あるからいいかと考え，(a)Aは，すでにBに貸してある写真集なので，貸したままBに販売するという意思表示をした。翌日，近くの公園でBから現金を受け取って財布に入れた。

　その後AはBと別れて，途中，財布を落としたことに気づかず家に帰った。家に帰って財布を落としたことに気づき，すぐに帰ってきた道を探したが，見つけることができなかった。Aは近くの交番で事情を話して遺失物届を記入し，警察署員に渡した。調べてもらっていると，「Aさんが落としたと思われる財布が，本署に届けられているので確認に行ってください」と言われた。急いで行ってみると，身分証明書の提示や事情の説明を求められて指示にしたがった。すると，落としてしまった財布を渡してくれた。拾ってくださった方に，お礼をしたいと言ったが報労金を放棄するとのことだった。(b)遺失物拾得については，民法や遺失物法に定められている。

　ところで，野生の鳥や魚をとったり，捨ててあるものを拾ったりした場合など(c)所有者のない動産は，所有の意思をもって占有することによって，その所有権を取得すると民法に定められている。捨てた財布ではないが，捨てたものと判断して警察署に届けない人もいるかもしれない。しかし，日本は物を落としても，届け出る人が多いという。Aも財布やプリペイドカードなどを拾ったことがあるが，必ず近くの交番に届け出ている。

問1．下線部(a)のような物の引き渡しの方法を何というか，次のなかから正しいものを一つ選びなさい。
　　ア．簡易の引き渡し　　　イ．指図による占有移転　　　ウ．占有改定

問2．本文の主旨から，下線部(b)の内容として，次のなかから適切なものを一つ選びなさい。
　　ア．遺失物を拾った者がそれを警察に届け出て，警察で公告をしてから3か月以内に所有者が現れなかったときは，拾った者がその所有権を取得する。
　　イ．遺失物を拾った者がそれを警察に届け出て，警察で公告をしてから6か月以内に所有者が現れなかったときは，拾った者がその所有権を取得する。
　　ウ．遺失物を拾った者がそれを警察に届け出て，警察で公告をしてから物品なら3か月以内，現金なら6か月以内に所有者が現れなかったときは，拾った者がその所有権を取得する。

問3．下線部(c)を何というか，次のなかから適切なものを一つ選びなさい。
　　ア．善良な管理者の注意　　　イ．無主物の帰属　　　ウ．原状回復義務

15 次の文章を読み，問いに答えなさい。

　宅配を専門とするピザ店で働いているAは，ピザの調理や電話受付などを担当していた。巣ごもり需要の影響により，今まで以上にピザの注文が増えたので，Aも慣れない配達を任されることが多くなった。Aは宅配用のバイクに乗って，ピザの配達中に，信号のない横断歩道近くで停車中の車に気がついた。追い越そうとしたところ自動車の陰から歩行者のBが飛び出してきた。とっさに急ブレーキをかけたが，Bに接触してしまった。Aは119番に電話し，ピザ店にも報告した。連絡をうけたピザ店のオーナーは，配達先の顧客にお詫びの連絡をいれ，事故現場に向かった。

　診察の結果，Bは入院の必要がないとのことだったので，その日のうちに保険会社の担当員とオーナー，Aの3人は，Bの自宅へ謝罪に行った。Bは，「私も急に飛び出してしまったので申し訳ありません」と言った。オーナーは「(a)従業員が，配達という当店の事業の執行として認められる行為で第三者であるB様に損害を与えてしまったことは，当店に責任があります。従って，治療費の支払いをさせていただきます。申し訳ありません」と謝罪した。

　3週間ほど経ち，Bは通院をしなくてもよいとの診断が出た。Bは保険会社に連絡して，治療費を受け取った。後日，(b)慰謝料についても，保険会社の担当員と話し合って受け取ることにした。

　今回，保険会社の担当員とオーナーとAは，Bに対して親切に対応したが，なかには見舞いにさえ行かない人もいるという。他人の権利または利益を侵害し，他人に損害を生じさせる行為を不法行為というが，(c)不法行為における損害賠償の請求権を行使しない場合，一定期間が経過すると請求権がなくなってしまう時効制度がある。Aは再び加害者にならないように注意するとともに，ピザ店のために働いた。

問1．本文の主旨から，下線部(a)のような責任を何というか，次のなかから正しいものを一つ選びなさい。
　　ア．工作物責任　　イ．共同不法行為責任　　ウ．使用者責任

問2．下線部(b)の説明として，次のなかから適切なものを一つ選びなさい。
　　ア．事故が原因で会社の年次休暇をとらなくてはならなくなった場合に，有給休暇をとった日数や時間について認められる補償金のこと。
　　イ．生命や身体，自由，名誉などを侵害されたことによる精神的な損害について認められる賠償金のこと。
　　ウ．労働者が怪我や失業，加齢などにより働けなくなった場合に，医療保険や雇用保険，労災保険の給付を受けるための制度のこと。

問3．本文の主旨から，下線部(c)のような時効制度を何というか，次のなかから正しいものを一つ選びなさい。
　　ア．消滅時効　　イ．取得時効　　ウ．公訴時効

選択問題 I 〔会社に関する法〕

1 次の文章を読み，問いに答えなさい。

　近年では約束手形や為替手形の流通は減少している。しかし，商慣習により現在でも手形を利用している企業は存在する。(a)約束手形の記載事項は，手形法の規定により，「約束手形文句」や「手形金額」，「支払約束文句」や「振出人の署名」などの9項目があり，その記載を欠けば原則として手形の効力を認められないものである。そのため，必要な文言があらかじめ印刷されている，金融機関が発行する統一手形用紙を利用することが一般的である。

　ところで，最近では，手形や債権の問題点を改善するため，(b)磁気ディスクによる記録原簿に債権を記録し，電子データとしてコンピュータで管理する新たな金銭債権が普及しつつある。このしくみにより，手形の紛失防止や債権の分割譲渡の簡易化などが期待されている。

問1． 下線部(a)を何というか，漢字3文字を補って正しい用語を完成させなさい。

問2． 下線部(b)を何というか，次のなかから適切なものを一つ選びなさい。
　ア．債権者保護手続き　　イ．マネーローンダリング　　ウ．電子記録債権

2 次の文章を読み，問いに答えなさい。

　Aは，知人のすすめにより，X社の株式を購入した。数か月後，AのもとにX社から株主総会の案内が届いた。Aは，X社がコロナ禍でも頑張っていることをニュースで知っていたため，X社を知るよい機会だと思い，株主総会に出席することにした。Aは，株主総会には(a)毎事業年度終了後の一定の時期に招集される定時株主総会と臨時株主総会があることを知った。

　株主総会は会社の意思決定を行う必置の機関であり，(b)公開会社のように取締役会が設置されている会社において(c)株主総会の決議事項は，法律および定款で定められた事項に制限されることがわかった。Aは，株式会社を知るよいきっかけになったと知人に感謝し，今後のX社の活躍とともに配当金や株主優待を楽しみにしている。

問1． 下線部(a)に記された一定の時期として，次のなかから適切なものを一つ選びなさい。
　ア．3か月以内の一定の時期　　イ．6か月以内の一定の時期　　ウ．9か月以内の一定の時期

問2． 下線部(b)の説明として，次のなかから適切なものを一つ選びなさい。
　ア．定款上，すべての種類の株式について譲渡制限をつけている会社
　イ．定款上，少なくとも一つの種類の株式について譲渡制限をつけていない会社
　ウ．資本金の額が5億円以上または負債額が200億円以上の会社

問3． 下線部(c)に記された法律として，次のなかから適切なものを一つ選びなさい。
　ア．金融商品取引法　　イ．会社法　　ウ．特定商取引法

選択問題II 〔企業の責任と法〕

1 次の文章を読み，問いに答えなさい。

　Aは大学卒業後，X社に入社した。Aは，1か月の研修を受けて，希望していた営業第2部に配属された。配属先でも研修中のことをよく思い出す。例えば，コンプライアンス研修のときに，(a)企業は経営内容のほか，違法行為があったり社会倫理に違反する不祥事を引き起こしたりした場合，利害関係者に対して，違法な行為や不祥事の原因，事件の経緯や事実関係などの情報を公表する責任があることを研修担当者から強く言われた。そのためAは，日ごろから会社の方針を守り，常にコンプライアンスを意識するようにしている。

　また，研修では(b)公益通報制度についても説明を受けた。公益通報者保護法では，通報した従業員を解雇したり，不当な扱いをしたりすることのないように定めていると教わった。Aは，研修のことを忘れないように営業活動に励んでいる。

問1．下線部(a)を何というか，次のなかから正しいものを一つ選びなさい。
　　ア．アカウンタビリティ　　イ．モラルハザード　　ウ．アポイントメントセールス

問2．下線部(b)の説明として，次のなかから適切なものを一つ選びなさい。
　　ア．特定の取引において，契約から8日以内であれば無条件で解約することができる制度
　　イ．企業の内部情報を知る者が，他社に情報を流し多額の利益を得ることを禁止する制度
　　ウ．不正を知った従業員が，その事実を告発できるようにして企業の不正行為を発見する制度

2 次の文章を読み，問いに答えなさい。

　社会生活では，売買や金銭貸借などの契約上のトラブルを理由とする紛争が生じることがある。紛争を防ぐためにも，重要な契約や行為などの場合には，(a)公証人によって厳格な手続きに従って作成され，真正（しんせい）に成立した公文書と推定される書類を作成しておくとよい。

　万が一，紛争に巻き込まれた場合，裁判所に訴えて解決を図ることがあるが，訴えを起こした者と(b)訴えを起こされた相手方だけでは解決が難しいため，双方とも法律の専門家である弁護士に依頼するのが一般的である。また，訴えによらない解決の方法の一つとして，(c)第三者である裁判所の委員会が当事者の間にたち，紛争の当事者が互いに譲歩しあい，妥当で現実的な紛争の解決を図る方法がある。紛争に巻き込まれても困らないように，最低限の法律は学んでおきたい。

問1．下線部(a)を何というか，漢字4文字で正しい用語を記入しなさい。

問2．下線部(b)を何というか，次のなかから正しいものを一つ選びなさい。
　　ア．被告　　イ．原告　　ウ．検察

問3．下線部(c)を何というか，次のなかから正しいものを一つ選びなさい。
　　ア．鑑定　　イ．調停　　ウ．仲裁

第37回(令和4年度)
商業経済検定試験問題
〔経済活動と法〕

解答上の注意

1．この問題のページはp.110からp.124までです。

2．解答はすべて別紙解答用紙(p.133)に記入し
　なさい。

3．文字または数字で記入するもの以外はすべて
　記号で答えなさい。

4．選択問題Ⅰ〔会社に関する法〕・選択問題Ⅱ
　〔企業の責任と法〕は2分野のうち1分野を解答
　すること。2分野を解答した場合は，選択問題
　すべてを無効とします。

5．計算用具や六法全書などの持ち込みはできま
　せん。

6．制限時間は50分です。

※　試験終了後，問題用紙も回収します。

第37回検定

1 次の文章を読み，問いに答えなさい。

　近年，ペットを飼う人が増えており，とくにコロナ禍においては，おうち時間のなかでペットと一緒にくつろごうとする人が増え，ペットの人気がさらに高まっている。その一方で，ペットのふん害が後を絶たず，地域や行政などは，飼い主のマナー違反に頭を抱えている。

　人が人や地域と関わりをもって社会生活を営むとき，日々の生活が平穏・円滑に秩序を保って営まれていくためには，(a)社会の誰もが守らなければならないルールが必要になる。このルールには，法・道徳・慣習・宗教上の戒律などがある。

　ペットのふん害に対して，山梨県のＡ市は，「Ａ市まちをきれいにする条例」を制定して，飼い犬・飼い猫のふんの放置の禁止に関して自治体が改善を勧告し，さらに措置命令をして，これに従わないときには過料が科せられる場合があるとの罰則を設け，ふん害対策を行っている。

　このように，条例や命令など，(b)法は，ほかとは異なる特質をもっている。また，法はさまざまな基準から分類し体系づけることができる。基準の一つとして，条文の形に書きあらわされた成文法と，(c)明確な条文の形に書きあらわされていない不文法に分類できる。不文法は複雑な現代社会の秩序を維持するために，成文法だけでは不十分なところを補う役割をもっている。

　社会が日々変化しているなか，社会のしくみにあわせて，法が社会の秩序を維持する役割を果たしていることを忘れてはならない。Ａ市の場合，今回の取り組みによってふん被害は減少したとのことであるが，一方でふん害対策は飼い主の良心に任せられている部分もあるので，飼い主は最低限のマナーを守って飼育することが望まれている。

問１．下線部(a)を何というか，次のなかから適切なものを一つ選びなさい。
　　ア．社会規範　　イ．行動理念　　ウ．社会秩序

問２．下線部(b)に記された特質の説明として，次のなかから適切なものを一つ選びなさい。
　　ア．長い間のならわしや風習として，一般的に認められているという特質
　　イ．善悪を判断する基準として，個人の価値観に依存するという特質
　　ウ．国家権力によって定められ，守ることを強制されるという特質

問３．下線部(c)の具体例として，次のなかから適切なものを一つ選びなさい。
　　ア．規則　　イ．判例法　　ウ．条約

2　次の文章を読み，問いに答えなさい。

　高校生のAは，近所を散歩していたところ河川敷にある管理事務所の入り口に，「敷地内でバーベキュー・花火を禁止します」と書かれた看板をみつけた。Aは(a)これを法としてみた場合，文言通りに解釈すると「敷地内でバーベキューや花火は禁止されているのだ」と解釈した。

　一方，法全体との関連を考え，論理に従って法を解釈する方法があり，これを論理解釈という。例えば，この看板の場合，Aはこの河川敷でたき火をしてもよいのか考えてみた。(b)これを法としてみた場合，たき火もバーベキューや花火のように，火気の使用による危険があるとして，その趣旨をくんで敷地内でたき火をすることも禁止ではないかとする解釈ができると考え，Aはこういう危険な行為はやめようと思った。

問1．下線部(a)のような法の解釈を何というか，漢字2文字を補って正しい用語を完成させなさい。

問2．下線部(b)を論理解釈としてみた場合，どのように分類されるか，次のなかから適切なものを一つ選びなさい。
　　ア．反対解釈　　イ．縮小解釈　　ウ．類推解釈

3　次の文章を読み，問いに答えなさい。

　私たちの社会生活は，法律的にみると権利と義務の関係で成り立っている。この関係を法律関係という。そこで，社会生活が秩序正しく営まれるためには，権利者が無制限に権利を行使することは許されず，(a)公共の福祉に適合するように，信義に従い誠実に権利を行使しなければならない。また，義務者も責任をもって義務を果たさなければならない。

　公共の福祉に適合しているかどうかが争点となった「宇奈月温泉事件」の事例があり，その概要は次のとおりである。

　温泉会社のX社は，源泉から引湯管（ひきゆかん）を通して温泉を引いていた。Aの購入した土地の一部に，その温泉の引湯管が通っていた。Aはその引湯管の撤去に莫大な費用がかかることに目をつけ，X社に対して撤去を求めた。Aは，引湯管の撤去に応じられないときは，自分の購入したすべての土地を高額な価格で買い取るように要求した。裁判所の判決では，(b)正当な範囲を逸脱した権利の行使であるとして，Aの要求を退けた。

問1．下線部(a)の説明として，次のなかから最も適切なものを一つ選びなさい。
　　ア．社会の向上や発展を目的とした社会全体の利益
　　イ．人間が人間として当然もっている基本的な権利
　　ウ．公の秩序または善良な風俗に反する行為

問2．下線部(b)を何というか，次のなかから正しいものを一つ選びなさい。
　　ア．権利・義務の主体　　イ．権利の濫用　　ウ．治外法権

第37回検定

— 111 —

4 次の文章を読み，問いに答えなさい。

　　商品を購入する売買契約のように，自分の意思にもとづいて権利・義務を発生させる行為を法律行為という。法律行為には(a)自分のしようとする行為の意味や性質について正常に判断できる能力が必要となり，この能力のない人が行った法律行為は無効となる。しかし，この能力は誰にでも備わっているわけではない。

　　民法では，判断力の不十分な人が不利な取引をしないようにするために，一定の人々については画一的に法律行為が一人でできる資格がないものとして保護する制度をもうけている。このような人々を制限行為能力者と呼び，未成年者，被補助人，被保佐人，(b)成年被後見人の4種がある。

　　高齢化社会がすすむなかで，認知機能が低下して日常生活や社会生活に支障をきたす人が増えている。ここでは，高齢の父親がいるAを事例として制限行為能力者についてみてみる。

　　Aは本人の判断能力の状態により二つの制度があることを知った。一つは，(c)本人の判断能力が不十分になった場合に備えて，自分の生活や療養看護，財産管理に関する事務を担当し後見をする人に代理権を与える制度である。もう一つは，現に判断能力の不十分な状態にある本人について，本人や家族の請求により，判断能力の状態に応じて，裁判所が適任と認める者をそれぞれの保護者として，補助人，保佐人，成年後見人に選任する制度である。

　　例えば，父親Bが，現に判断能力の不十分な状態にあり，裁判所から被補助人に該当すると判断された場合は，補助人のAの同意なしで行った預金の管理や不動産の処分など，特定の法律行為は取り消すことができることがわかった。そこで，父親Bが一人で不動産取引をしたと想定してみると，取引の相手方はその取引が取り消される不安があるために，1か月以上の期間を定め，補助人のAに対して催告することができることがわかった。そして，(d)もし取引の相手方が催告して，その期間内に，補助人のAから確答がなかった場合は，この取引はどうなるのか，民法で調べてみることにした。

問1．下線部(a)を何というか，次のなかから正しいものを一つ選びなさい。
　　ア．権利能力　　イ．行為能力　　ウ．意思能力

問2．下線部(b)の説明として，次のなかから適切なものを一つ選びなさい。
　　ア．軽度の精神上の障がいで，判断能力が不十分な人
　　イ．精神上の障がいで，判断能力を欠く常況にある人
　　ウ．精神上の障がいで，判断能力が著しく不十分な人

問3．下線部(c)を何というか，次のなかから正しいものを一つ選びなさい。
　　ア．任意後見制度　　イ．法定後見制度　　ウ．三審制度

問4．本文の主旨から，下線部(d)の結論として，次のなかから適切なものを一つ選びなさい。
　　ア．制限行為能力者側は，この取引を認めたことになり，売買契約は成立する。
　　イ．制限行為能力者側は，この取引を認めたことになるが，売買契約は成立しない。
　　ウ．制限行為能力者側は，この取引を認めたことにならず，売買契約は成立しない。

5 次の文章を読み，問いに答えなさい。

　あの人の財産，あの会社の資産というように，自然人や法人は，権利の主体として財産を支配しており，この支配を通して経済生活が繰り広げられている。これらの支配されている財産は，権利の客体といわれ，その中心をなすものが物である。

　物とは，有体物をいう。有体物は無体物に対する概念で，空間の一部を占める有形的なものであり，無体物は空間の一部を占めない無形的なものである。しかし，(a)無体物であっても，人が支配・管理することができ，取引の対象となるので，法律上，物として扱われるものもある。

　物は，いろいろな観点から分類され，物の種類として分類すると，不動産と動産，特定物と不特定物に分けることができる。また，物と物の関係でみると，物と物との間には，特別な関係がある場合があり，(b)主物と(c)従物，元物と果実に分けることができる。さらに，果実は，天然果実と(d)法定果実に分けることができる。

問１．下線部(a)の具体例として，次のなかから適切なものを一つ選びなさい。
　ア．熱　　イ．電気　　ウ．光

問２．下線部(b)と下線部(c)に分類される物の組み合わせとして，次のなかから適切なものを一つ選びなさい。
　ア．(b)金庫　　　(c)鍵
　イ．(b)乳牛　　　(c)牛乳
　ウ．(b)畑　　　　(c)じゃがいも

問３．下線部(d)の説明として，次のなかから適切なものを一つ選びなさい。
　ア．物の個性を問わず，種類や数量に着目して取引された物
　イ．ある物が他の物をうみ出した場合に，うみ出す側の物
　ウ．物の使用の対価として受け取る金銭その他の物

6 次の文章を読み，問いに答えなさい。

　物権とは，ある一定の物を，他人からの影響や干渉を排除して直接に支配し，利用できることを内容とする権利である。このように，(a)物権は，他人を排除する強い権利であるから，その種類や内容は法律が定め，個人が勝手にそれと違う物権を作ることはできない，とされている。

　民法に定められている物権は，所有権，用益物権，担保物権，占有権などがある。このうち所有権は，法令の制限内で物を自由に使用し，収益し，処分するというように，どのような手段でも全面的に物を支配することのできる権利である。しかし(b)民法では，第209条から238条に相隣関係を規定しており，隣接する土地の所有権との間の利益の調整をはかったり，所有権に制限を加えたりしている。

　例えば，他人の土地に囲まれていて，公道に出ることができない土地の所有者Aは，公道に出るために，他人の土地の通行が必要になるため，(c)その土地を囲んでいる他人の土地を一定の制限のもとに通行している。これは民法が相隣関係において，所有権の制限を加えた事例である。

　また，建築基準法や土地収用法などの特別法による所有権の制限もある。

問１．下線部(a)のような原則を何というか，漢字４文字を補って正しい用語を完成させなさい。

問２．下線部(b)に記された相隣関係の具体例として，次のなかから適切なものを一つ選びなさい。
　ア．重要文化財は，所有者であっても自由に処分できない。
　イ．農村の人々は，他人の山林に入って伐木・採草をすることができる。
　ウ．建物を建築する際には，境界線から50cm以上の距離を保たなければならない。

問３．下線部(c)を何というか，次のなかから適切なものを一つ選びなさい。
　ア．囲繞地（いにょうち）（いじょうち）　　イ．袋地　　ウ．公地

7 次の文章を読み，問いに答えなさい。

　2021年11月に，人気漫画のキャラクターを描いたデコレーションケーキを無許可で販売したとして，自営業者が書類送検される事件があった。ＳＮＳを通じて顧客の指定したシーンを無断で描いてケーキにしたということである。私的利用のためなら，著作物を複製することも許されているが，その範囲を大きく逸脱した行為である。

　これは，知的財産権の一つである(a)著作権が侵害された事例である。知的財産権とは，発明やアイデアを守る権利で，創作した知的財産を支配し，その経済的な利益を独占できる権利である。

　また，知的財産権は，著作権のほかにもさまざまな産業財産権（工業所有権）があるので，ここではそれらについてもみてみる。

　一つ目は，(b)人の知覚により認識できるもののうち，文字，図形，記号，立体的形状もしくは色彩またはこれらの結合，音その他政令で定めるもの（標章）であり，これを行政機関に登録をすると，登録の日から10年間独占して使用できる権利である。

　二つ目は，物品の形や構造についての，実用的な産業上の新しい考案であり，これを行政機関に登録すると，出願の日から10年間独占して製造，販売などができる権利である。

　三つ目は，(c)物品の形状，模様もしくは色彩またはこれらの結合について美感をおこさせる創作であり，これを行政機関に登録すると，出願の日から25年間独占して使用できる権利である。

　知的財産には，さまざまな種類があり，また，どのような知的財産がうまれるか予想できないので，新たな知的財産に適した法的保護をうみ出す必要があることも意識しなければならない。

問１．下線部(a)の保護期間として，次のなかから適切なものを一つ選びなさい。
　ア．わが国では，一部の例外を除いて，著作者の生存中および死後50年間であり，映画については作品の公表後50年間である。
　イ．わが国では，一部の例外を除いて，著作者の生存中および死後50年間であり，映画については作品の公表後70年間である。
　ウ．わが国では，一部の例外を除いて，著作者の生存中および死後70年間であり，映画については作品の公表後70年間である。

問２．下線部(b)に記された行政機関はどこか，漢字３文字で正しい用語を記入しなさい。

問３．下線部(c)を何というか，次のなかから正しいものを一つ選びなさい。
　ア．商標権　　イ．意匠権　　ウ．実用新案権

8 次の文章を読み，問いに答えなさい。

　Aは，ある地方の郊外に広大な土地を所有している。Aが所有しているこの土地は，10年前にA
が父親との(a)贈与契約によって取得したものである。この土地は，最寄りの駅からとても遠く，人
里離れた不便な場所であり，これといった特徴もない。

　ある日，Aのもとへ，不動産業者を名乗るBが訪ねてきた。Bは，「Aさんが所有している土地
を買い取らせてほしい。あの土地の周辺は，今後，栄える見込みもなく，地価が下がり続けること
は確実です。維持費の負担も大変でしょう」とAに言い，続けて「今すぐにでも売却したほうがお得
です。手続きも簡単に済み，売却代金もすぐにお支払いします」と言った。Aは，この土地を所有
し続けても維持費の負担が大きいと思うようになり，売却を検討することにした。

　実は，Aの所有する土地の周辺一帯が，大規模な土地区画整理事業計画の区域内にあり，今後，
地価が確実に上昇することをBは知っていた。そのため，BはAをだまして土地を安価で買い取
り，他人に高値で売却しようと考えていたのである。

　後日，Bは再びAを訪ね，土地の売却をあらためて依頼した。(b)AはBにだまされていることに
気が付かずに，土地のすべてを安価で売却する意思表示を行い，売買契約を結んでしまった。

　数か月後，Aは売却した土地の周辺一帯で大規模開発が行われており，地価が上昇していること
を知った。AはBにだまされていたことに気が付いた。AはBに連絡し，土地の返還を求めたが，
すでに(c)その土地は事情を知らないCに売却され，Cの名義で土地の登記がされていた。

　Aは納得ができず，法律の専門家に相談した。法律の専門家は，(d)AがだまされてBに売却して
しまった土地がどうなってしまうのか，教えてくれた。

問1．下線部(a)を契約の性質から分類した場合，どのような組み合わせになるか，次のなかから適
　　切なものを一つ選びなさい。
　ア．諾成契約・双務契約・有償契約
　イ．諾成契約・片務契約・無償契約
　ウ．要物契約・双務契約・無償契約

問2．下線部(b)のような意思表示を何というか，次のなかから適切なものを一つ選びなさい。
　ア．錯誤による意思表示　　　イ．強迫による意思表示　　　ウ．詐欺による意思表示

問3．本文の主旨から，下線部(c)に記された登記を何というか，次のなかから適切なものを一つ選
　　びなさい。
　ア．保存登記　　　イ．移転登記　　　ウ．抹消登記

問4．本文の主旨から，下線部(d)の結論として，次のなかから適切なものを一つ選びなさい。
　ア．AとBの売買契約は取り消すことができるが，善意無過失の第三者Cに対しては契約の取り
　　消しを主張することはできず，土地の返還請求はできない。
　イ．AとBの売買契約は無効であり，善意無過失の第三者Cに対しては契約の取り消しを主張す
　　ることができ，土地の返還請求ができる。
　ウ．AとBの売買契約は取り消すことができないが，善意無過失の第三者Cに対しては契約の取
　　り消しを主張することができるため，土地の返還請求ができる。

9 次の文章を読み，問いに答えなさい。

　Ａは会社勤めで部長の立場にあり，まもなく定年を迎える。Ａは定年退職後，沖縄県の離島に移住することが夢であった。Ａの息子夫婦は，Ａに対して(a)「もし父さんが病気をしないで無事に定年を迎えることができたら，沖縄県の離島への旅行をプレゼントする」と言って旅行のプレゼントを約束した。

　Ａは定年後，息子夫婦からプレゼントされた沖縄へ旅行に行った。Ａは旅行をしたことで，さらに離島へ移住したいという思いが強くなった。旅行後Ａは，沖縄の不動産業者を訪ねて，最適な住宅を探すことにした。不動産業者に希望条件を伝えると，不動産業者が所有するいくつかの住宅を紹介された。実際に見学してから購入を考えたいと思い，Ａは不動産業者と高速フェリーで離島を訪ねた。Ａは最初に紹介されたＸ島の雰囲気がとても気に入り，Ｘ島の住宅を購入することにし，不動産業者と売買契約を締結し，購入代金を銀行振り込みですぐに支払った。

　Ａは，購入した住宅周辺の状況を確認するために，再度Ｘ島を訪れた。すると，Ａが購入した住宅の隣地にある大きな樹木がＡの土地に傾いて，今にも倒れそうになっていることに気がついた。Ａは台風も近づいているので，(b)隣地の所有者であるＢに「私の土地に樹木が倒れないように対処してください」とお願いした。

　その後，Ｘ島に台風が上陸し，Ｂの土地の大きな樹木がＡの土地に倒れてしまった。Ａは，Ｂに「もうすぐこの土地に引越しをするので樹木を撤去してください」とお願いした。しかし，再三のお願いにもかかわらずＢは樹木を撤去してくれなかった。そのため，Ａは弁護士に相談することにした。すると弁護士はＡに，「Ｂさんに樹木の撤去をするように，裁判所に請求手続きをすることができます」と言ってくれた。Ａは弁護士と契約を結び，(c)委任状を作成して着手金を渡した。弁護士からは，「裁判所の判決で樹木を撤去する命令が出ているにもかかわらず，Ｂさんが樹木を撤去しない場合には，(d)Ｂさんのかわりに業者に依頼して樹木を撤去させ，その撤去にかかったすべての費用をＢさんに負担させる強制執行を裁判所に請求します」と言って手続きをすすめた。しかし，強制執行に着手する直前，ＢはＡに対し，「金銭面の都合がついたので，今すぐに撤去します」と言って謝罪をし，樹木を撤去してくれた。

問１．下線部(a)のような条件を何というか，漢字２文字を補って正しい用語を完成させなさい。

問２．下線部(b)のような物権的請求権を何というか，次のなかから正しいものを一つ選びなさい。
　　ア．妨害予防請求権　　　イ．妨害排除請求権　　　ウ．返還請求権

問３．下線部(c)の説明として，次のなかから適切なものを一つ選びなさい。
　　ア．請負人が一定の仕事を完成させることを約束する契約書のこと
　　イ．他人に依頼されて自己の名義の使用を認めたことを証明する書類のこと
　　ウ．他人に法律関係の処理を任せる代理権を与えたことを証明する書類のこと

問４．下線部(d)のような強制執行を何というか，次のなかから適切なものを一つ選びなさい。
　　ア．間接強制　　　イ．代替執行　　　ウ．直接強制

次の文章を読み，問いに答えなさい。

　Aの勤めている会社では，新型コロナウイルス感染症拡大の影響を受けて以来，在宅勤務の頻度が8割，出勤が2割の状況が続いている。Aは在宅勤務にも慣れてきたが，日中一人でパソコンと向き合っているのはとても負担である。

　Aは，犬や猫などの動物が好きである。Aは一人暮らしのため，犬や猫を飼育することをためらっていた。しかし，長引く在宅勤務で日中も自宅にいることが多いので，癒しを求めて，猫を飼育することを検討した。Aは，猫の飼育に慣れている親友のBに相談することにした。

　BはAに，「(a)野生の犬や猫などを引き取ったり，捨ててある物を拾ったりする場合など，所有者のない動産を占有した者はその所有権を取得することができるよ。でもペットショップの方が希望の猫と出会える確率が高いと思うよ」と言い，さらに，猫を借りて体験飼育をすることができるペットショップがあることを教えてくれた。

　AはペットショップX店で，とてもかわいらしいミヌエットという猫に一目ぼれした。Aはこの猫をとても気に入り，借りて飼育することにした。(b)AがX店から猫を借りたのは，7月5日の午前11時であり，レンタル期間は10日間の契約になっている。Aは，民法上では期間満了の日時がいつになるのか調べることにした。なお，期間に関する特段の定めはなかった。

　その後，Aは，期間満了前に借りた猫をX店に返した。AがX店と交わしたレンタルの契約は，猫の体験飼育ができるという内容であり，Aが20,000円をX店に支払って猫を借り，契約期間内に猫を返すという契約である。AがX店と締結した契約は，(c)当事者の一方が相手方に目的物を使用・収益させることを約束し，相手方が賃料を支払うことと，契約終了時に目的物を返還することを約束することによって成立する貸借契約である。

　その後Aは，猫を飼育できると思ったので，X店でミヌエットの子猫を購入し，癒されながら在宅勤務をしている。

問1．下線部(a)を何というか，次のなかから適切なものを一つ選びなさい。
　ア．埋蔵物発見　　イ．遺失物拾得　　ウ．無主物の帰属

問2．本文の主旨から，下線部(b)の期間満了の日時として，次のなかから正しいものを一つ選びなさい。
　ア．7月15日の24時に満了する。
　イ．7月14日の11時に満了する。
　ウ．7月14日の24時に満了する。

問3．下線部(c)に記された貸借契約を何というか，次のなかから適切なものを一つ選びなさい。
　ア．使用貸借　　イ．消費貸借　　ウ．賃貸借

11 次の文章を読み，問いに答えなさい。

　私たち個人や企業などは，さまざまな契約を締結している。契約は，本人どうしの間で行われるのが原則であるが，必ず本人がしなければならないとすると不便である。そのため，本人にかわって契約を締結することが認められており，これを代理の制度という。代理には，(a)法律によって誰が代理人になるかや代理権の範囲が決められている代理と，本人が任意に代理人を選び一定の範囲の代理権を与える代理がある。

　また，代理権のない者が，本人の代理人であると偽って代理行為をした場合，これを無権代理というが，この行為は，本人が追認しない限り，本人に効力は生じない。そのため，契約の相手方は無権代理人に責任を追及することになる。しかし，(b)本来は無権代理であるが，本人と無権代理人との間に特別な関係があるため，相手方に対して代理権が存在するかのような外観を呈している事情があると認められる場合には，その外観を信じた相手方を保護して，本人との間に有効な代理があったのと同じ効果が認められることもある。

[事例]

　X新聞販売店の店主は，従業員Aを先月末に解雇した。店主の代理人として新聞代金を集金していたAは，勤務態度が悪く，再三注意されているにもかかわらず直らなかったので解雇はやむを得なかった。しかし，Aは店主を逆恨みし，X新聞販売店に損害を与えようと企てた。Aは解雇された際にX新聞販売店の印が押されている白紙の領収証を数枚もっていた。そこでAは，先月まで集金していた新聞購読者のBを訪ねた。Bは，AがX新聞販売店を解雇されていた事実を知らずに，従業員であると信じて新聞代金をAに支払った。AはX新聞販売店の領収証をBに渡した。

　X新聞販売店の店主は，Bの新聞代金の支払いが確認できなかったため，電話をして確認した。するとBは，「従業員のAさんに新聞代金を支払いました。領収証ももらいました」と店主に言った。店主は「Aは先月末に解雇しました。すでに当店の従業員ではありませんので，もう一度新聞代金を支払っていただきたい」とBにお願いした。Bは納得がいかなかった。この場合，(c)BはX新聞販売店に，もう一度新聞代金を支払わなければならないのかどうか，消費生活センターに相談することにした。なおBは，善意無過失である。

問１．下線部(a)のような代理を何というか，次のなかから適切なものを一つ選びなさい。
　　ア．任意代理　　　イ．法定代理　　　ウ．復代理

問２．下線部(b)のような無権代理を何というか，漢字２文字を補って正しい用語を完成させなさい。

問３．本文の主旨から，下線部(c)の結論として，次のなかから最も適切なものを一つ選びなさい。
　　ア．Aの行為は代理権授与の表示による無権代理であり，BはAの外観を信ずべき正当な理由があるとはいえないため，Bは再び新聞代金を支払わなければならない。
　　イ．Aの行為は与えられた権限を越えた越権行為であり，BはAの権限の範囲を確認しなかったため，Bは再び新聞代金を支払わなければならない。
　　ウ．Aの行為は代理権消滅後の無権代理であり，BはAの外観を信ずべき正当な理由があるといえるため，Bは再び新聞代金を支払わなくてよい。

12 次の文章を読み，問いに答えなさい。

2020年度施行の改正民法により，時効の内容が一部見直された。時効とは，ある事実状態が一定期間続いた場合に，これを尊重して，法律上の権利関係として認める制度である。

時効には2種類あり，まずは，今回改正された時効についてみてみる。この時効においては，一定の期間，権利を行使しないことによって，権利を主張できなくなってしまうものである。改正前は，請求する権利の期間が，旅館の宿泊料金や飲食店の飲食代金などの債権の場合は1年，弁護士や公証人の職務に関する債権の場合は2年などのように統一されていなかった。しかし，改正後は請求する債権の内容にかかわらず，債権者が権利を行使することができることを知った時から5年間と，権利を行使することができる時から10年間の二段構えに統一された。

このように時効には，期間があるが，(a)時効によって権利を得たり失ったりするには，一定の事実状態が続いていることが必要であり，その継続を妨げるような事情があれば，その時からあらためて時効の期間を計算することになる。例えば，飲食店で客のAが飲食代金を後払いにして，Aが支払わないまま半年が過ぎたとする。半年後に飲食店がAに未払いの代金を請求し，Aが「もう少し待ってください」と言った場合，その未払いの事実を認めた時点から再び未払い代金の時効期間がはじまることになる。

さらにもう一つの時効についてみてみる。これは，(b)一定の期間，権利を継続して事実上行使する者に，その権利を認めるという時効である。

例えば，BとCは隣りあって土地を所有しているとする。互いの土地の境界線は杭を打って示している。ある日，Cが自己所有の土地を売るために測量したところ，Bが畑として使用している土地の一部がCの土地であることが判明した。CはBに「あなたの土地の一部は私の土地です。境界の杭を打ち直して，私の土地を返してください」と言った。(c)Bはこの土地について，どのような扱いになるのか，民法を調べることにした。なおBは，15年間，何の疑いもなく平穏かつ公然とその土地を使用しており，善意無過失であるといえる。

今回，2種類の時効の制度をみてみたが，時効の制度は，社会生活を送るうえで大切なことであるので，しっかりと理解しておきたい。

問1. 下線部(a)を何というか，次のなかから適切なものを一つ選びなさい。
　ア．時効の完成猶予　　イ．時効の更新　　ウ．時効の援用

問2. 下線部(b)を何というか，次のなかから正しいものを一つ選びなさい。
　ア．取得時効　　イ．消滅時効　　ウ．公訴時効

問3. 本文の主旨から，下線部(c)の結論として，次のなかから適切なものを一つ選びなさい。
　ア．Bは善意無過失であり，平穏かつ公然と10年以上Cの土地の一部を使用していたが，もともとCの土地であり，この土地の所有権はBにあると主張することができない。
　イ．Bは善意無過失であり，平穏かつ公然と10年以上Cの土地の一部を使用していたため，時効の制度により，この土地の所有権はBにあると主張することができる。
　ウ．Bは善意無過失であり，平穏かつ公然と10年以上Cの土地の一部を使用していたが，時効の制度では20年の期間が必要なため，この土地の所有権はBにあると主張することができない。

13　次の文章を読み，問いに答えなさい。

　Aは，中古住宅を購入して5年が経つ。このたび，子どもが生まれることもあり，念願だった新築一戸建てに買い替えることにし，不動産業者を訪ねた。Aは，間取りや外観などの設計が自由にできる注文住宅プランを選んだ。Aは不動産業者が所有する土地をいくつか見学した。数か所回ると希望に一致する土地がみつかったため，Aは購入を決めた。不動産業者は，「土地の購入代金の一部を手付金としてお振込みください」とAに伝えた。Aは不動産業者と別れた後，指定された口座に200万円を振り込んだ。(a)Aは支払った手付金が高額なので，Aまたは不動産業者が契約を解除する場合について，民法を調べておくことにした。

　Aは土地購入代金の残金と建物の建築代金を銀行で住宅ローンを組んで借り入れることにした。銀行員は「(b)Aさんの購入する土地と建物に対して担保物権を設定します。これは，もしAさんが住宅ローンを返済できない場合に，土地と建物を競売にかけて，その売却代金から当行が優先して弁済を受けることができる権利のことです」とAに伝えた。その後，銀行の審査も通ったので，不動産業者と土地の売買契約と建物の建築に関する契約を締結した。

　Aは，現在住んでいる中古住宅を購入した際のリフォームのことを思い出した。リフォームの際に設置した食器洗浄乾燥機が正常に作動しなかったのである。(c)これは，食器洗浄乾燥機を設置した業者の債務不履行であると憤り，修理を依頼したことを思い出す。

　Aは今回購入する新築住宅は，目に見える不具合はないと思っている。しかし，(d)売買の目的物自体に外からではわからない契約内容の不適合があった場合，売り主に対して履行の追完や代金の減額，損害賠償の請求や契約の解除などの権利は，不適合を知ってからいつまでに売り主に通知しなければ行使できなくなるのか，念のため調べておくことにした。

問1．下線部(a)の結果として，次のなかから適切なものを一つ選びなさい。

　ア．契約の履行に着手する前であれば，Aが支払った手付金を放棄するか，不動産業者が受け取った手付金をAに返還すれば，契約を解除することができる。

　イ．契約の履行に着手する前であれば，Aが支払った手付金の倍額をさらに支払うか，不動産業者が受け取った手付金をAに返還すれば，契約を解除することができる。

　ウ．契約の履行に着手する前であれば，Aが支払った手付金を放棄するか，不動産業者が受け取った手付金の倍額をAに返還すれば，契約を解除することができる。

問2．下線部(b)に記された担保物権を何というか，漢字2文字を補って正しい用語を完成させなさい。

問3．本文の主旨から，下線部(c)に記された債務不履行を何というか，次のなかから正しいものを一つ選びなさい。

　ア．履行遅滞　　イ．不完全履行　　ウ．履行不能

問4．下線部(d)について，次のなかから適切なものを一つ選びなさい。

　ア．契約内容の不適合を知ってから，1年以内に通知しなければ，権利の行使はできなくなる。

　イ．契約内容の不適合を知ってから，3年以内に通知しなければ，権利の行使はできなくなる。

　ウ．契約内容の不適合を知ってから，通知期限の定めはなく，いつでも権利の行使ができる。

次の文章を読み，問いに答えなさい。

AとBは，お互いに将来の夢についてたびたび相談し合う旧知の仲である。困ったときには，お互いに助け合うことを約束していた。Bの夢はラーメン店を開業することである。AはBがラーメン店を開業することを応援しており，開業する際には何でも協力するという約束をしていた。

Bはいよいよ，長年の夢であったラーメン店を開業することになった。開業資金は，今までの貯蓄だけでは足りないので，金融機関から借り入れるとのことであった。その際に，金融機関の担当者から人的担保が必要だと言われたようである。Bは申し訳ないという顔をして，Aに「あなたに(a)主たる債務者である私と連帯して債務の履行を保証する人的担保をお願いしたい」と言った。

Aは，主たる債務者と連帯して債務の履行を保証する人になって，もし債務者本人が返済できないと，人間関係が壊れることもあると聞いたことがある。例えば，Bのラーメン店が不調で，金融機関への返済が滞った場合，Aには(b)催告の抗弁権がないため，Bにかわって金融機関に債務を弁済しなければならない。また，検索の抗弁権も行使することができない。仮に，(c)AがBにかわって金融機関に債務を弁済した場合には，Aが金融機関に弁済した額の返還をBに請求することができる権利がある。しかし，Bの店が不調の場合，Bから回収することは難しいと思った。その際，AはBに対して債権を有することになるが，(d)Aが一方的にBに対する債権を放棄して，Bの債務を消滅させることもあるかもしれないと覚悟しておく必要がある。Bとは長い付き合いであり，信用できる人物でもある。Aは開業する際には何でも協力するという約束もしている。AはBを信じて契約書にサインをした。

Aは，Bがラーメン店を開業して数か月後に訪ねてみた。すると，Aの心配には及ばず，Bのラーメン店は行列ができるほどの繁盛店になっていて，マスコミにも取り上げられるようになった。Bから話を聞くと，この調子でいけば，金融機関からの借り入れは予定よりも早く完済できそうだという。Aは，夢をかなえたBのことを，勇気があり，うらやましいと思った。

問1．下線部(a)のような人的担保を何というか，次のなかから正しいものを一つ選びなさい。
　ア．保証債務　　イ．連帯債務　　ウ．連帯保証債務

問2．下線部(b)の説明として，次のなかから正しいものを一つ選びなさい。
　ア．債務者には強制執行しやすい財産があるということを証明して，まず主たる債務者の財産に対して強制執行するように債権者に主張する権利のこと。
　イ．債権者が主たる債務者に請求しないで，保証人に請求してきた場合，まず主たる債務者に請求するように債権者に主張する権利のこと。
　ウ．債権者と債務者の合意で，債務を金銭ではなく，かわりに同額相当の物を引き渡して本来の債務を消滅させることができること。

問3．下線部(c)を何というか，漢字2文字を補って正しい用語を完成させなさい。

問4．下線部(d)のような債務の消滅を何というか，次のなかから適切なものを一つ選びなさい。
　ア．免除　　イ．相殺　　ウ．更改

選択問題Ⅰ〔会社に関する法〕

① 次の文章を読み，問いに答えなさい。

　手形や小切手は，一定の金額の支払いを請求する権利をあらわした有価証券である。しかも，それは(a)法律で記載することを要すると定められた事項(必要的記載事項)が記載されなければ無効とされる有価証券であり，証券の記載によって権利の内容が決められる有価証券である。さらに，その権利の発生・変更・消滅について，すべて証券によってなされることが必要である。

　また，手形や小切手は，企業にとって支払いまたは信用の手段として，あるいは，国際取引における取り立ての手段としても利用される。このうち，約束手形は，期限付き債務の支払い手段として利用される。一方，小切手は，満期日の記載をすることができず，つねに(b)一覧払いとされるので，即時払いの手段として利用される。

問１．下線部(a)を何というか，次のなかから適切なものを一つ選びなさい。
　ア．電子記録債権　　イ．要式証券　　ウ．不完全有価証券

問２．下線部(b)の説明として，次のなかから適切なものを一つ選びなさい。
　ア．令和×年〇月△日というように，特定の日に支払われるべきもの
　イ．支払いを求めて小切手が呈示された日から，一定の期間経過後に支払われるべきもの
　ウ．支払いを求めて小切手が呈示されたときに支払われるべきもの

② 次の文章を読み，問いに答えなさい。

　会社法に基づいて設立された法人を会社という。会社は，株式会社と，(a)持分会社という二つの類型に分けられる。

　ここでは，株式会社の設立手続きについてみてみる。株式会社を設立する際には，まず発起人が(b)会社の根本規則を記載した書面を作成しなければならない。そして，会社の設立手続きの進め方には，発起人が設立時に発行する株式の全部を引き受ける方法と，(c)発起人が設立時に発行する株式の一部を引き受けるだけで，残りの株式を引き受けてくれる株主を募る方法の２種類がある。設立手続きの最後に，設立登記がなされると，会社は法人として成立する。

問１．下線部(a)の内容として，次のなかから適切なものを一つ選びなさい。
　ア．合名会社・合資会社・合同会社という３種類がある。
　イ．指名委員会・監査委員会・報酬委員会を置く会社である。
　ウ．子会社の株式取得価額の合計額が，子会社の総資産額の半分以上である。

問２．下線部(b)を何というか，次のなかから正しいものを一つ選びなさい。
　ア．約款　　イ．定款　　ウ．商号

問３．下線部(c)を何というか，漢字２文字を補って正しい用語を完成させなさい。

選択問題Ⅱ〔企業の責任と法〕

1 次の文章を読み，問いに答えなさい。

会社員のAは，(a)休日に駅前の路上で見知らぬ女性から「紫外線に関するアンケートに答えてください」と声を掛けられた。女性に連れられて近くの喫茶店に入ると「あなたは，もっと美しくなれます」と言われ，40万円の美容器具の購入を勧められた。

Aは，今すぐには40万円も用意できないため断ろうとしたが，女性から「(b)商品代金を毎月2万円ずつ，20回に分けて支払う方法がある」と言われ，月に2万円であれば支払えると思い，その場で売買契約を結んでしまった。しかし，Aは帰宅してから冷静になって考えると，自分には必要ないと思うようになった。Aは調べた結果，(c)Aが結んだような売買契約や訪問販売による売買契約などの場合，契約書を受け取った日から一定の期間内であれば，無条件で契約を解除できる制度があることを知った。Aはこの制度を利用して売買契約を解除することにした。

問1．下線部(a)のような販売方法を何というか，次のなかから適切なものを一つ選びなさい。
ア．キャッチセールス　　イ．アポイントメント・セールス　　ウ．ネガティブオプション

問2．下線部(b)のような販売方式を何というか，次のなかから適切なものを一つ選びなさい。
ア．試用販売　　イ．連鎖販売　　ウ．割賦販売

問3．本文の主旨から，下線部(c)を何というか，カタカナで正しい用語を記入しなさい。

2 次の文章を読み，問いに答えなさい。

近年，働き方改革が叫ばれるようになり，労働者に保障されている年次有給休暇の取得や，男性の育児休暇の取得が奨励されるようになった。

わが国では，(a)常時10人以上の労働者を使用している事業所は，労働時間や賃金，その他労働条件に関する具体的細目を定める規則類によって労働契約の内容を示すことが法律によって定められている。そこには，年次有給休暇や育児休暇制度などについても記載することになっている。

労働者と使用者は，(b)労働者が使用者の指図に従って働くことを約束し，使用者がそれに対して賃金を支払うことを約束する契約によって成り立つ関係である。労働者と使用者は対等な立場であるからこそ，働き方改革が叫ばれてきたのである。従来，働きすぎといわれた日本人にとって，仕事と生活のバランスを考えるよい機会であるといえるだろう。

問1．下線部(a)を何というか，次のなかから適切なものを一つ選びなさい。
ア．労働協約　　イ．就業規則　　ウ．事務管理

問2．下線部(b)の労務の類型を何というか，次のなかから正しいものを一つ選びなさい。
ア．雇用　　イ．請負　　ウ．委任

「経済活動と法」解答用紙

1	問1	問2	問3	問4

2	問			主義

得　点

3	問1	問2

4	問1	問2	問3

5	問1	問2	問3

6	問1	問2

7	問1	問2	問3	問4	問5

8	問1	問2	問3

9	問1	問2	問3

10	問1 動産の	問2 の制度	問3

11	問1	問2	問3 の抗弁権

12	問1	問2	問3	問4	問5

13	問1	問2	問3

14	問1	問2

15	問1	問2

16	問

注：選択問題Ⅰ　いずれか1分野を解答すること。2分野を解答した場合は，選択問題すべてを無効とします。

選択問題Ⅰ〔会社に関する法〕

1	問1	問2

2	問1	問2	問3

選択問題Ⅱ〔企業の責任と法〕

1	問1	問2

2	問1	問2	問3 規則

学校名		学年　年	組	番	名前	

総得点

「経済活動と法」解答用紙

得　点

1	問

2	問1	問2	問3	問4

3	問

4	問1	問2

5	問1	問2	問3	問4

6	問1	問2	問3	問4

7	問

8	問1	問2

9	問

10	問1	問2	問3

11	問1	問2 代理

12	問1	問2	問3

13	問1	問2　円

14	問1	問2	問3	問4

15	問1　時効の	問2　時効	問3

16	問1	問2

17	問1	問2

18	問　債務

19	問1	問2	問3

注：選択問題Ⅰ　いずれか1分野を解答すること。2分野を解答した場合は，選択問題すべてを無効とします。

選択問題Ⅰ〔会社に関する法〕

1	問1	問2	問3

2	問1	問2　株式

選択問題Ⅱ〔企業の責任と法〕

1	問

2	問1	問2	問3	問4

学校名		学年　　　年　　組　　番　名前		総得点

「経済活動と法」解答用紙

	問1	問2	問3
1			

	問1	問2	問3		問4	問5
2				法		

得　点

	問1	問2
3		

	問1	問2	問3	問4	問5
4					

	問1	問2	問3
5			

	問1	問2
6		

	問1	問2	問3
7			

	問1	問2	問3
8		時効	

	問1	問2	問3	問4	問5	問6
9		利率				

	問1	問2	問3	問4
10				

	問		
11	債権者		権

	問1	問2	問3	問4	問5
12					

	問1	問2	問3
13		責任	

注：選択問題 I　いずれか1分野を解答すること。2分野を解答した場合は，選択問題すべてを無効とします。

選択問題 I 〔会社に関する法〕

	問1	問2	問3
1			

	問1	問2
2		

選択問題 II 〔企業の責任と法〕

	問1	問2	問3	問4
1				

	問	
2		

学校名		学年	年	組	番	名前	

総得点

第36回　商業経済検定試験

「経済活動と法」解答用紙

1	問1	問2	問3

2	問1 解釈	問2

3	問1	問2

4	問1 能力	問2	問3	問4

5	問1	問2	問3

6	問1	問2	問3 権

7	問1 権	問2	問3

8	問1	問2	問3 の原則

9	問1	問2

10	問1	問2

11	問1	問2	問3	問4

12	問1	問2	問3	問4

13	問1	問2	問3	問4

14	問1	問2	問3

15	問1	問2	問3

注：選択問題　　いずれか1分野を解答すること。2分野を解答した場合は，選択問題すべてを無効とします。

選択問題 I 〔会社に関する法〕

1	問1 記載事項	問2

2	問1	問2	問3

選択問題 II 〔企業の責任と法〕

1	問1	問2

2	問1	問2	問3

学校名		学年　年　組　番　名前		総得点	

第37回　商業経済検定試験

「経済活動と法」解答用紙

得　点

	問1	問2	問3
1			

	問1	問2
2	解釈	

	問1	問2
3		

	問1	問2	問3	問4
4				

	問1	問2	問3
5			

	問1	問2	問3
6	主義		

	問1	問2	問3
7			

	問1	問2	問3	問4
8				

	問1	問2	問3	問4
9	条件			

	問1	問2	問3
10			

	問1	問2	問3
11	代理		

	問1	問2	問3
12			

	問1	問2	問3	問4
13		権		

	問1	問2	問3	問4
14	保証人の		権	

注：選択問題　　いずれか1分野を解答すること。2分野を解答した場合は，選択問題すべてを無効とします。

選択問題Ⅰ〔会社に関する法〕

	問1	問2
1		

	問1	問2	問3
2			設立

選択問題Ⅱ〔企業の責任と法〕

	問1	問2	問3
1			

	問1	問2
2		

学校名		学年	年	組	番	名前	

総得点